# Pensées théologiques et communicationnelles pour l'Afrique du 21ème siècle

## Collection EGLISES D'AFRIQUE

Dirigée par François Manga-Akoa

Depuis plus de deux millénaires, le phénomène chrétien s'est inscrit profondément dans la réalité socio-culturelle, économique et politique de l'Occident, au point d'en être le fil d'Ariane pour qui veut comprendre réellement les fondements de la civilisation judéo-chrétienne. Grâce aux mouvements d'explorations scientifiques, suivis d'expansions coloniales et missionnaires, le christianisme, porté par plusieurs générations d'hommes et de femmes, s'est répandu, entre autres contrées et à différentes époques, en Afrique. D'où la naissance de plusieurs communautés ecclésiales qui ont beaucoup contribué, grâce à leurs œuvres socio-éducatives et hospitalières, à l'avènement de plusieurs cadres, hommes et femmes de valeur. Quel est aujourd'hui, dans les domaines économiques, politiques et culturels, le rôle de l'Église en Afrique ? Face aux défis de la mondialisation, en quoi les Églises d'Afrique participeraient-elles d'une dynamique qui leur serait propre ? Autant de questions et de problématiques que la collection « **EGLISES D'AFRIQUE** » entend étudier.

### Dernières parutions

Arthur LUBWIKA, *Méditation sur l'identité chrétienne aujourd'hui,* 2012.
Blaise BAYILI, *Perceptions négro-africaines et vision chrétienne de l'homme*, 2011.
Jean-Marie MATUTU, *Dieu, le bonheur et la sorcellerie en Afrique. Perspectives psychologiques et religieuses de libération*, 2011.
François-Xavier DAMIBA, *Voyez comme Dieu est bon*, 2011.
Jean KONAN DELAFOSSE, *Les chemins de ma conversion*, 2011.

**Gaston OGUI - Francis BARBEY**

# Pensées théologiques et communicationnelles pour l'Afrique du 21ème siècle

*Comment l'Afrique peut-elle défendre son identité dans le jeu universel ?*

L'Harmattan

## Des mêmes auteurs

Chez le même éditeur

Francis Barbey, *Chemin d'Avenir. Côte d'Ivoire la paix soit avec toi* !, Paris, L'Harmattan, 2008.

Francis Barbey, *L'Église et la politique en Afrique*, Paris, L'Harmattan, 2009.

Francis Barbey, *Africain, prêtre et missionnaire en France*, Paris, L'Harmattan, 2010.

Chez d'autres éditeurs

Gaston Ogui, *Le Christ comme l'Universel Concret dans les œuvres de Bruno Forte et de Christian Duquoc,* PUG, 1999.

Francis Barbey, *L'Éducation aux médias. De l'ambiguïté du concept aux défis d'une pratique éducative*, Paris, Publibook, 2009.

Francis Barbey, *Jean-Paul II et la communication. Ou quand la communication sociale devient facteur de vérité, de liberté et de promotion humaine*, Paris, Publibook, 2010.

Francis Barbey, *Et si Dieu aimait les Noirs ? Contre-enquête sur le racisme au Vatican*, Paris, Publibook, 2010.


**5-7, rue de l'École-Polytechnique ; 75005 Paris**
http://www.librairieharmattan.com
diffusion.harmattan@wanadoo.fr
harmattan1@wanadoo.fr
ISBN : 978-2-296-96093-0
EAN : 9782296960930

*Il y a deux manières de se perdre: par ségrégation murée dans le particulier, ou par dilution dans l'universel !*

(Aimé Césaire)

Sommaire

# Introduction générale

La spécialisation dans l'univers de la quête scientifique a atteint aujourd'hui un tel niveau de sophistication que des chercheurs de domaines différents peuvent cohabiter dans le même espace géographique et vivre néanmoins en autarcie les uns par rapport aux autres. C'est foncièrement le risque qui guette des experts dits des sciences profanes par rapport à ceux des sciences sacrées. Et pourtant, la complexité d'accès à la vérité sur quelque sujet que ce soit oblige les uns et les autres à une attitude de modestie par rapport au domaine même où ils se sont toujours considérés comme des « experts ». En réalité, le dévoilement de la vérité, fût-il dans les sciences dites sacrées, est de moins en moins évident qu'il ne le paraissait hier.

A ce titre, le recours à la transdisciplinarité apparaît comme une voie de salut qui préserve l'amoureux de la vérité de toute prétention et le rend plus humble dans ses conclusions, restant sauf le renoncement au relativisme et à l'amalgame. Une telle attitude est déjà, en elle-même, une manière judicieuse d'articuler l'universel au particulier, en d'autres termes, de concrétiser l'universel.

Le projet d'animation d'un séminaire transdisciplinaire qui devient projet d'une co-publication a sa raison d'être pareillement de cette simple conviction. Il est né non seulement de la grande estime pour la personne de Francis Barbey dont les nombreuses publications forcent l'admiration, mais également de la certitude que la vérité ne jaillit réellement qu'au « choc des idées ». Seule une approche pluridimensionnelle nous semble respectueuse de la transcendance de l'objet de la recherche et conforme à la limitation et à la finitude des sujets qui s'engagent dans cette aventure.

Toutefois, il reste vrai que le rapport entre théologie et communication n'est pas, *a priori*, obvie. On est même tenté de croire, en un premier temps, à un rapport antithétique tant il est vrai que les voies d'accès de la communication à son objet peut paraître aux antipodes de celle de la théologie. La science de la communication, on le sait, est régie par une technologie dont la vitesse du progrès rime avec les lois de la précision qui lui confèrent un pouvoir insoupçonné. Au contraire, la théologie n'est habituellement perçue que comme la discipline assignée, depuis même son émergence, à un lieu et à des principes dont elle ne saurait se départir.

Et pourtant, les choses ne semblent pas aussi simple qu'elles le paraissent[1] ; en effet, même si elle n'obéit pas aux mêmes normes de progrès et de précision, la science théologique a, elle aussi, la même prétention d'une tension dynamique vers le vrai au moyen d'une ascèse et d'une rigueur méthodologique. Bien plus, elle est soumise, elle aussi, à une exigence de rationalité qui l'élève au rang des sciences humaines non seulement à côté de la philosophie mais également de la communication. Ceci étant, la pointe de nos motivations doit être recherchée un peu plus loin.

1. Voir aussi l'analyse de Yves Cattin puis de Vincent Holzer sur le rapport entre théologie et philosophie ou sur la place de la rationalité en théologie : Yves Cattin, « La théologie et l'exil de la parole » in *La liberté du théologie. Hommage à Christian Duquoc*, Paris, Cerf, 1995, pp. 39-64. Vincent Holzer, *Le Dieu Trinité dans l'histoire. Le différend théologique Balthasar-Rahner*, coll. « CogitatioFidei », n° 190, Paris, Cerf, 1995, pp. 13-14.

Ce qui tisse essentiellement le lien entre la science de la communication et la théologie, c'est plus précisément l'objet d'étude ici ciblé : le rapport du général au particulier ou plus exactement de l'universel au concret. Même indépendamment du phénomène de la globalisation, ce rapport, quoique antinomique, du moins à première vue, a souvent été l'objet de la préoccupation d'un bon nombre de sciences. Toutefois, la globalisation nous a rendus plus sensibles, non seulement à la complémentarité de ces concepts, mais également à la dimension existentielle de leur contenu. La question ainsi soulevée est le rapport du même à l'autre, autrement dit, celui de l'identité à l'altérité. Ce disant, nous sommes au cœur d'un débat qui passionne aussi bien le théologien que le communicatologue.

Pour une question de pragmatisme communicationnel, Francis Barbey construit son argumentation plus rigoureusement sur le binôme *universel/particulier*. Quant à moi, fidèle à mes sources d'inspiration (Hegel, Balthasar et surtout Duquoc) j'articule plutôt ma réflexion autour du couple conceptuel *universel concret*. Toutefois, dans le fond, lui et moi sommes entièrement traversés par le même questionnement, à savoir : « *Comment vivre aujourd'hui sa particularité sans se fermer aux autres et comment s'ouvrir aux autres sans perdre sa particularité ?* »

Dans la quête d'une réponse pertinente à cette interrogation, le « *prêtre-communicateur* » et le « *prêtre-théologien* » rencontrent une figure historique qui n'a pas pu les laisser indifférents : la figure de Jésus de Nazareth. En fait, de par son incarnation, Jésus lui-même a affronté ce questionnement et ce défi de l'universel concret. Juif du premier siècle de notre ère, il a eu la prétention, non seulement d'unir en sa personne l'essence divine et l'essence humaine mais également de rejoindre tout homme dans sa particularité existentielle et culturelle.

De ce fait, l'Evénement Jésus-Christ devient foncièrement un questionnement et un défi pour l'homme de tout temps et de toute culture. Comment alors réfléchir sur le rapport entre universel et concret sans interroger cette figure historique ?

Mieux, dans sa façon de communiquer, dans les paraboles qu'il utilise, par les images qu'il emploie et plus particulièrement par la cohérence de sa vie, Jésus de Nazareth passe pour Maître en communication. Le succès de sa mission terrestre tient aussi de sa qualité de communicateur hors pair.

Bien plus, dans la mesure où *communication* signifie aussi (et peut-être surtout), *parole*, il ne sera aucunement superflu de s'efforcer d'accéder à la science de la communication par le truchement de celui-là même qui est, par essence, la Parole éternelle du Père. C'est indubitablement de cette communication que sourd le meilleur accès à la connaissance de celui-là même qui est, du reste, l'auto-communication du Père à l'humanité.

C'est le lieu de rappeler que l'intérêt porté à la communication par le Pape Jean-Paul II[2], loin d'être un simple fruit nostalgique des talents d'un ancien artiste est plutôt l'expression de la fidélité du disciple à son Maître qui n'a été, en définitive, qu'un communicateur.

Le projet d'unir la science de la communication à la science théologique ne peut-il pas devenir projet de fidélité ou tout au moins d'excellence dans la mission à nous confiée par le Christ et monnayée quotidiennement par son Eglise ?

Une réponse positive à cette interrogation laisse entrevoir que le défi de crédibilité et d'excellence lancé à nos sociétés et plus particulièrement à nos universités africaines ne peut être relevé avec pertinence et dans la durée que si l'universel

2 Francis Barbey, *Jean-Paul II et la communication ou quand la communication sociale devient facteur de vérité, de liberté et de promotion humaine*, Paris, Publibook, 2010.

concret devient projet de vie, paradigme d'émulation, bref, projet de communication qui devient communion.

C'est à cette tâche que Francis Barbey et moi-même attelons-nous dans ce projet de co-publication, chacun selon ses talents et son lieu propre. Concrètement, la première partie de cet ouvrage s'efforce d'aborder la question de l'universel et du particulier dans un point de vue purement théologique. Elle part de quelques considérations purement anthropologiques pour déboucher sur la fascinante figure de Jésus de Nazareth afin d'en déduire les incidences existentielles pour l'homme africain en particulier et pour tout homme en général. Quant à sa deuxième partie, elle s'articule essentiellement sur la science de la communication et sur ses impacts pastoraux pour l'Evangélisation en Afrique dans ce troisième millénaire. Les outils utilisés ici sont naturellement ceux spécifiques de cette spécifique science sociale qu'est la communication, mais dans une ouverture sur les débats pastoraux qui font l'actualité de l'engagement du chrétien au service de l'Afrique.

G.O

Première partie

# Pensées théologiques pour l'Afrique du 21e siècle

## Comment l'Afrique peut-elle défendre son identité dans le jeu universel ?

Par Gaston Ogui

# Introduction

Le constat, en cette heure de la globalisation, est que l'Afrique se situe mal dans l'universel et défend maladroitement ce qui fait son originalité. Cette situation qui n'est rien d'autre que la résultante d'une mauvaise compréhension et d'une mauvaise gestion de l'articulation de l'universel au spécifique, a déjà et pourrait avoir encore des conséquences incalculables sur sa vie sociale, politique et religieuse. En effet, piégée hier par les amateurs de l'*assimilation culturelle*, l'Afrique semble avoir de la réticence à se lancer dans un jeu de mondialisation à issue incertaine. N'est-il pas vrai que le chat échaudé craint même l'eau froide ?

Et pourtant, la question de la mondialisation ne semble offrir aucune alternative aujourd'hui à quelque pays que ce soit. La marge de manœuvre dans ce phénomène est, du moins à notre sens, très réduite dans la mesure où nous vivons dans un *village planétaire* où *nul ne peut* réellement *se vanter de se passer des autres*. La question ici n'est donc pas de savoir si l'Afrique doit ou non entrer dans le processus mais plutôt comment s'y situer sans en être, une fois de plus, victime.

S'il est vrai, comme l'ont estimé les Pères au second concile du Vatican, que « le mystère de l'homme ne s'éclaire vraiment que dans le mystère du Verbe incarné » (G.S. 22), le projet humain d'unité dans la différence - qu'il soit africain, américain, asiatique, européen, ou océanien - ne pourra devenir épanouissement et félicité pour l'homme que dans le miroir du Christ.

C'est pourquoi, dans la quête d'un positionnement, plus ou moins salutaire pour l'Afrique, dans ce *village planétaire*, le Christ émerge en filigrane comme le meilleur paradigme de l'articulation entre l'universel et le spécifique. Humanisé dans la culture concrète et spécifique juive, Dieu a su s'ouvrir à toutes les cultures du monde sans renoncer à celle qu'il a prise dans le sein virginal de Marie.

Les remises en cause intempestives par des découvertes scientifiques et diverses philosophies du monde, ont quelquefois abouti au rejet même des principes qui fondent l'humanité, donnant alors lieu de nos jours à un bouleversement incessant de la pensée religieuse. C'est ainsi que pour certains individus d'hier comme d'aujourd'hui, la grandeur de l'homme devrait s'obtenir par le rejet de Dieu dans l'abîme. Or il s'agit là d'une erreur monumentale, étant donné que la grandeur de l'homme dépend justement de son union à Dieu. Il ne saurait en être autrement tant il est vrai que : « L'homme ne saurait avoir une intelligence plus parfaite de sa propre nature qu'en se considérant comme une façon possible pour Dieu de s'exprimer lui-même[3] ».

Aussi, pour mieux saisir la manière la meilleure pour l'Afrique de s'insérer dans l'universel tout en préservant ses valeurs propres et spécifiques, initions-nous notre réflexion à partir du mystère de tout homme dans le jeu de l'universel et du concret que nous apprécions à la lumière de Jésus de Nazareth.

---

[3] Karl Rahner, *Est-il possible de croire aujourd'hui?*, Paris, Mame 1966.

# L'homme dans le jeu de l'universel et du concret

Dans toutes les cultures du monde, pour maîtriser son objet, la pensée humaine scinde habituellement le réel en deux éléments : l'universel (du latin *universalis*) qui désigne abstraitement le général et l'absolu, puis le concret appliqué à tout ce qui a un contenu défini et partant, à l'individuel comme réalité contingente. L'universel concerne donc la totalité du réel ou est lui-même pure totalité. Le concret est historiquement et géographiquement situé comme singularité déterminable. « … l'Universel est dit concret en tant qu'unité des éléments logiques antérieurs dont le concept est la synthèse, à la fois universelle, puisqu'il est susceptible d'un nombre indéfini d'applications, et concrète, en tant qu'il est une totalité unique indivisible[4] ».

Cette vérité, universellement vérifiable pour tout homme, l'est particulièrement et concrètement pour l'Africain qui vit dans un monde à double face : le visible et l'invisible. Le visible en effet, semble désigner, à première vue, le monde d'ici-bas regroupant ceux qu'on désigne habituellement par *les vivants*. L'invisible est la patrie de ceux qui sont partis mais qui, en fait ne sont pas moins vivants que ceux qui portent habituellement ce nom ; ils sont plus exactement ceux qui expérimentent une vie après la vie. Mais dans la culture

4 André Lalande, (éd.), *Vocabulaire technique et critique de la Philosophie,* 2e éd. Paris, PUF, 2006, p. 1172.

africaine, l'universel est-il simplement l'opposé du singulier ou plus radicalement la pure continuité de celui-ci ? Pour mieux répondre à cette question, il nous faut scruter des secteurs existentiels de l'expression de la tension ou de la dialectique entre universel et singulier.

## 1. Le nom, principes d'individuation et d'universalisation

Partons ici d'un exemple très banal ; lorsque dans un groupe, je dis : Djimah ou Africain, je suis, en réalité, en face de deux substantifs qui peuvent être simultanément principes d'unification ou de séparation, autrement dit d'individuation ou d'universalisation. Lorsque dans le groupe considéré, j'ai affaire à un Européen, un Asiatique, un Américain, un Océanien et un Africain, le vocatif "Africain", ne comporte aucune ambiguïté ; il désigne celui-là seulement qui n'est ni européen, ni américain ni asiatique, ni océanien. Il désigne exclusivement l'individu qui est susceptible de répondre de son africanité au milieu d'un groupe d'individus donné. Il en va de même lorsque j'ai affaire à des groupes constitués représentant des continents bien déterminés. Le pluriel, dans ce cas n'ajoute rien au principe d'individuation à moins qu'il ne vise à souligner un trait commun à des individus appartenant à un même groupe. Ainsi par exemple, lorsque j'affirme que les Américains sont des peuples bien organisés, je passe d'un principe d'individuation à un principe d'universalisation relative. Il s'agit ici d'une universalisation relative et non d'une universalisation absolue dans la mesure où ce que je dis est relatif à un peuple à la base d'expériences vécues. De la même manière lorsque dans un groupe je dis : "Djimah", il serait trop hâtif de soutenir que j'ai affaire ici purement et simplement à un principe d'individuation ; la vérité est que j'ai affaire à un principe qui peut être aussi bien d'individuation (Djimah désignant un individu particulier parmi mille) mais également d'universalisation relative dans la mesure où ce que j'affirme de tel Djimah (qui signifie littéralement en Yoruba Vendredi, et partant nom donné à un individu né le Vendredi) peut être valable à tous les Djimah par un procédé d'universalisation à tort ou à raison. Enfin, des noms qui a priori sont des principes d'individuation ou d'universalisation peuvent être tellement vagues qu'ils sont privés de tout contenu concret. Ainsi, lorsque dans un groupe constitué uniquement d'Africains, je recours au vocatif "Africain", mon objectif ne sera pas atteint à moins que là encore j'aie la volonté d'affirmer quelque chose qui touche à la race africaine en général. Dire Djimah dans un groupe d'individus inconnus, court le risque de ne correspondre à rien du tout à moins que par un concours de circonstance un individu répond d'un tel nom.

C'est dire donc qu'aucun substantif à lui seul ne peut être défini comme principe d'individuation ou d'universalisation à moins que des déterminations précises viennent le soustraire d'une généralisation éthérée ou d'une particularisation abusive. Ce qui est vrai pour des noms, l'est également pour les individus portant ces noms et pour leurs cultures qui sont en vérité à la fois des principes d'individuation et d'universalisation. Le risque à ce niveau est toujours de sombrer dans une individuation trop restrictive ou à une universalisation abusive et donc étriquée. En somme, le langage humain est toujours un langage symbolique qu'il importe de décoder pour accéder à la vérité qu'il véhicule. A ce titre, une étude de l'ambivalence du symbole lui-même peut nous permettre de mieux apprécier la complexité de l'*interaction* entre l'universel et le singulier.

## 2. Le symbole, puissance de rupture et d'unification.

Le symbole contient en lui une puissance aussi bien de rupture que d'unification. La puissance de rupture se manifeste fondamentalement sous le mode de l'*interdit*. Le rôle de l'interdit est ici de mettre un écart remarquable entre deux mondes de manière à éviter un nivellement abusif qui ferait perdre à chaque ordre sa caractéristique et sa spécificité. Cette rupture, l'interdit l'instaure, certes, entre le monde profane et le monde sacré mais aussi entre deux mondes également sacrés ou également profanes. L'analyse réalisée par Claude Lévi-Strauss[5] sur l'inceste, nous semble très suggestive à ce propos. Ce qui est interdit dans l'inceste, estime-t-il, c'est de faire coïncider absolument et entièrement le rapport de parenté (c'est-à-dire le lien du sang : parents-enfants) et le rapport d'alliance (le mariage contractuel : époux-épouse). « On peut imaginer, commente Ortigues, tous les types d'interférences entre ces deux rapports, le rapport biologique de génération et le rapport symbolique d'alliance, mais de toute façon ils ne sauraient se confondre sans abolir du même coup la famille humaine pour la réduire à la promiscuité animale[6] ». A quelque chose près, tous les interdits visent à remplir la même fonction que celle qui vient d'être évoquée. Il reste vrai, par ailleurs, qu'à cette fonction de rupture il faudrait associer celle d'unification. C'est l'effectivité de l'axiome classique : « Il faut distinguer pour mieux unir ».

A l'instar de l'interdit, le sacrifice manifeste sa puissance de rupture par la soustraction d'un objet du monde profane pour l'introduire dans un ordre symbolique où il revêt un cachet tout spécial où, sans être complètement rompu, le lien

---

5. Cf. Claude Lévi-Strauss, *Les structures élémentaires de la parenté,* Paris, Thèse, 1949.

6.Edmond Ortigues, *Le discours et le symbole,* Paris, Beauchesne, 1962, p. 211.

à son essence originelle devient secondaire. Ainsi par exemple, dans l'univers symbolique, du maïs offert à la divinité, tout en gardant ses propriétés caractéristiques, est déjà plus qu'un pur maïs ; il devient la chose-de-la-divinité et à ce titre se manifeste comme un réel qui dépasse la matérialité du maïs. La rupture instaurée à ce niveau vise pareillement à manifester une unité qui ne repose pas sur une pure abstraction mais plutôt sur une intégration différentielle des mondes profane et sacré. Comme on peut le constater, cette analyse nous offre une clé d'intelligence non seulement de l'univers symbolique mais aussi des conditions de possibilité d'une cohabitation existentielle entre le monde profane et le monde sacré. Cette cohabitation ne saurait advenir sans préjudice pour l'un et pour l'autre que dans la mesure où elle exclut toute confusion et tout processus réductionniste.

### 3. L'homme, être de tension entre l'universel et le concret

C'est une évidence que l'homme est constamment confronté à la lutte pour la sauvegarde de la tension dialectique et féconde entre universel et concret : tantôt l'universel devient un péril pour le concret, tantôt le concret devient nuisible à l'universel ; c'est aussi le lieu de la lutte pérenne pour la sauvegarde de l'identité et de l'altérité. En effet, pour être soi-même et pourtant ouvert aux autres, l'individu doit choisir une attitude d'autoréalisation ou plutôt d'autodétermination. L'attitude d'autoréalisation consiste ici à se prendre soi-même comme norme absolue de son processus d'humanisation et de socialisation. Une telle attitude ne saurait être que mensongère dans la mesure où tout individu est le maillon de l'humanité dont la réalisation est fixée en partie par son insertion sociologique. L'attitude d'autodétermination consiste à se donner des moyens de sa réalisation étant donné que le Créateur a pourvu la créature d'une autonomie qui n'advient réellement que dans ce jeu d'autodétermination. Le rôle de la famille dans l'autoréalisation ou autodétermination n'est aucunement négligeable.

A ce titre, pour éviter d'être berceau du tribalisme, la famille se doit être école de l'universel concret en promouvant les valeurs de l'acceptation de l'autre dans l'affirmation de soi. Est-il nécessaire d'ajouter que la famille est non seulement le lieu où l'homme acquiert les premiers réflexes de la socialisation, mais également le lieu d'une appréciation de l'autre comme un autre moi-même. Mais cet apprentissage s'effectue dans un *émerveillement* aussi bien de soi que de l'autre. Et comme l'a si bien dit Maurice Zundel : « L'émerveillement, c'est précisément le moment où émerge en nous une nouvelle dimension, c'est le moment privilégié où nous sommes soudain guéris pour un instant de nous-mêmes et jetés dans une Présence que nous n'avons pas besoin de nommer, qui nous comble en même temps qu'elle nous délivre de nous-mêmes[7] ». Comme on le voit, la famille n'est pas simplement le lieu de la socialisation mais également le lieu d'une humanisation harmonieuse qui m'ouvre à la Transcendance divine comme Présence et Intériorité. C'est dire donc que la famille forme en moi une culture où je me réalise avec et devant les autres dans une Présence où l'altérité devient non seulement existentielle mais également essentielle.

Plus que la famille, la culture est par excellence le lieu de tension féconde entre le particulier et l'universel, pourvu qu'elle ne soit saisie comme la communauté des mêmes où l'autre n'est perçu que sous son apparence d'un être étrange parce que étranger et par conséquent dangereux. Pour éviter de sombrer dans un tel piège, il importe d'accueillir l'autre comme une chance sans chercher à l'annexer à mon moi totalitaire, mais plutôt à l'ouvrir au jeu de la rencontre où l'un

[7]Maurice Zundel, *Je est un autre*, Montréal, Anne Sigier, 1997, pp. 18-19.

devient cadeau du ciel pour l'autre. Evidemment, les choses ne vont aucunement ici sans heurts. Il faudrait peut-être souligner que le soupçon originel jeté sur le Créateur par le *Serpent Tentateur* continue de déverser son venin dans tout projet d'altérité ; l'autre devient alors non pas de soi un cadeau mais plutôt *celui-qui-me-vole-mon-être*. Le remède le plus efficace à ce problème, c'est la vigilance en vue d'un dépassement mû par une meilleure compréhension de soi et de l'autre le tout corroboré par un idéal transcendant ou transcendantal purifiant les deux entités (cultures) en dialogue. L'essentiel est que nul n'essaie de substituer à l'*athéisme positif de Dieu*, un *athéisme négatif* qui, en définitive, n'est ruineux et destructeur que pour celui qui refuse de se reconnaître créature et qui s'enferme ainsi dans une désobéissance qui n'est, en définitive, que de l'ingratitude et de l'impiété[8].

On peut déjà remarquer, à ce simple niveau, que l'homme ne saurait se définir autrement que par l'intériorité (identité) et l'extériorité (ouverture). Pour que l'unité du sujet devienne plus manifeste, il faut passer d'une identité fermée à une identité vraie où le premier devient l'autre du second. C'est une exigence de tout sujet spirituel qui interpelle l'Africain à un plus haut degré spécialement à l'heure de la mondialisation. Pas plus qu'un universalisme éthéré, le nationalisme exacerbé ou pis encore l'ethnocentrisme sans discernement ne peut conduire qu'à la désintégration du peuple ou des individus qui s'y abonnent.

Entant que tension féconde vers le singulier, la concrétude ou le concret, l'intériorité apparaît comme le lieu d'une expérience non seulement de soi mais également de l'autre comme bénédiction et promesse de vie. N'est-ce pas une telle

---

[8] Cf. Hans Urs von Balthsar, *La dramatique divine III L'action* , Paris, Culture et Vérité, 1990, p. 306.

expérience que fit St Augustin lorsqu'il écrivait : « Tard je t'ai aimé, Beauté si antique et si nouvelle, tard je t'ai aimée, et pourtant, tu étais dedans et moi dehors, où je te cherchais, en me ruant sans beauté vers ces beautés que tu as faites. Tu étais avec moi. C'est moi qui n'étais pas avec toi. » (Confession, IX, 27). Cela signifie que le moi humain individuel, même dans son intériorité la plus intime ou plus exactement grâce à cette intériorité, peut devenir rencontre de vie et de bonheur avec l'Autre qui n'est que Beauté et auteur de toutes les beautés. Ainsi, dans son intériorité, le moi devient ouverture sur autrui, mieux, capacité d'universalité. Dans ce cas, entre l'intériorité et l'extériorité il n'y plus qu'un pas susceptible d'être franchi sans distorsion.

L'extériorité qui est, en soi, tension vers l'autre, ouverture sur l'universel et, en définitive, tension vers l'Absolu, n'est rien de moins que l'accomplissement du moi dans sa face complémentaire. C'est qu'en réalité au nom de la singularité du moi, son universalité n'est jamais purement abstraite et négative, mais concrète puisqu'il intègre ses déterminations, 'dans l'être-là le plus fini', dans le non-moi en lequel le moi se pose et où il vit et se développe[9]. Le moi n'est pas sujet universel faisant abstraction de ses déterminations, mais il est par et en ses déterminations, 'dans l'être-là le plus fini', dans le non-moi en lequel le moi se pose et où il vit et se développe. Ce n'est qu'en vérité dans ce moi incarné que s'offre à l'intuition 'l'infinie universalité'[10]. C'est à ce titre que l'on peut parler de l'unité et de l'identification de l'Un dans les uns. Quoi qu'il en soit, il nous faut préciser comment l'Un parvient à émerger dans les uns tout en conservant relativement sa liberté et son autonomie.

En somme, dans la circumincession du concept - en laquelle l'intensité singulière coïncide avec l'extension

---

[9]Emilio Brito, *La christologie de Hegel : Verbum Crucis,* Trad. B. Pottier, Paris, Beauchesne, 1983, p. 329.
[10]*Ibidem.*

universelle - l'exclusivité est inclusive. Quand je dis 'moi', 'ce singulier-ci', je dis tous les 'je' : tous et chacun sont 'moi', 'ce je singulier-ci'. Bien comprise, cette intuition nous interdit d'opposer, non seulement, l'universel au concret, l'intériorité à l'extériorité mais également le positif au négatif.

Le négatif ou plus exactement la négativité pourrait même jouer un rôle irremplaçable dans le jeu de l'universel et du concret. Considéré en effet comme une façon possible pour la kénose de s'exprimer, le négatif apparaît comme l'un des lieux privilégiés de mieux cerner le rôle du fini à l'infini ou de l'abaissement et de la désappropriation de soi dans le jeu d'identité et d'altérité.

C'est à ce titre que Xavier Tilliette a pu affirmer que l'exinanition traduit non seulement la désappropriation mais aussi l'extériorité en ce sens que le sujet ne se perd pas dans l'autre de soi-même mais plutôt dans l'autre que soi-même[11]. Elle est, en fait, un processus interne et externe à l'Esprit, pour dire ici les choses à la manière hégélienne. L'on parlerait aujourd'hui, comme le fit d'ailleurs Hans Urs von Balthasar, d'une *kénose intra-divine*[12].

Cela implique, par ailleurs qu'il existe un lien intime entre le *fini* et l'*infini*. On comprend alors que l'irruption de Dieu dans la chair soit par conséquent subordonnée au besoin de la réconciliation de l'homme exigée par l'unité originelle du fini et de l'Infini. C'est une venue qui advient par les chemins temporels, mondains, moyennant la singularité empirique d'*un* homme[13]. « Il ne s'agit pas d'un être pur et simple, mais d'un être-là, au sens étymologique du mot, c'est-à-dire au

[11] Cf. Xavier Tilliette, *Le Christ de la philosophie. Prolégomènes à une christologie philosophique* coll. « Cogitatio Fidei » n° 155, Paris, Cerf, 1990, pp. 192.

[12] Cf. Hans Urs von Balthasar, *La dramatique divine. Tome 3 :L'Action*, Bruxelles, Culture et Vérité, 1993, p. 301.

[13]Cf. Emilio Brito, *op. cit.* pp. 325.

sens d'‘être dans un endroit déterminé'. D'après son devenir, l'être-là est en général associé à un non-être qui y est pour ainsi dire englobé, de façon à former avec lui une unité. Il y est englobé de telle sorte que le tout concret se présente sous la forme de l'être, et que c'est une forme qui, en tant que l'immédiat, constitue la détermination de l'ensemble[14] ».

C'est là le sens même de l'expression ‘*Totum Singulis*'. C'est l'unicité absolue de l'individu Jésus par rapport à toute autre figure du divin.

---

[14]Georg Wilhelm Friedrich Hegel, *Science de la Logique, I,* 1913, p. 105.

# Un paradigme d'universel concret : l'Événement Jésus Christ

L'événement Jésus Christ est abordé ici exclusivement sur le registre catégorial de l'universel concret comme paradigme d'humanité et spécialement d'identité et d'altérité ou, pour le dire autrement, d'intériorité et d'ouverture.

Il reste vrai que l'affirmation de la singularité de Jésus suppose des précisions indispensables à une bonne compréhension de son mystère. En effet tout être humain est singulier par essence, en ce sens qu'il est unique[15] dans le projet de Dieu et incommunicable dans son intériorité la plus profonde. On doit même souligner le caractère 'irrépétible' de tout être humain en vertu de l'unicité de son être et de son exister. A ce niveau, la singularité de Jésus et de son histoire ne pose aucun problème. La difficulté vient de la prétention à poser l'histoire de Jésus comme norme de l'histoire universelle. Mais en vérité, d'aucuns s'accommodent difficilement avec la figure de Jésus Christ qui, d'après eux, viendrait de trop loin.

15 Même du point de vue biologique, l'unicité de chaque être humain est quasiment un fait. Pelt a pu écrire en ce sens: « Autant dire que nous sommes tous des exemplaires uniques issus d'un œuf unique. On conçoit que, sur cinq milliards d'hommes, il n'en est pas deux qui se ressemblent, sauf les vrais jumeaux, qui, issus d'un même œuf divisé ensuite en deux, comme l'aurait fait une bactérie, nous donnent une idée de ce que serait le monde sans sexualité » (Jean-Marie Pelt, *Dieu de l'univers. Science et foi*, Paris, Fayard 1995 p.62).

## 1. Jésus Christ, l'Autre qui vient de trop loin…

Pour exprimer la venue du Verbe de Dieu dans la chair (*Incarnation*), Ghislain Lafont emprunte une image pour le moins suggestive : « Toute la divinité (universel, abstrait) se renverse dans la position du fini (médiation, particularité) pour être reprise et réunie à Dieu (esprit, singularité)[16] ».A travers cette image se trouve de façon condensée l'articulation de l'universel au concret, de l'infini au fini, de l'intériorité à l'extériorité, de l'identité à l'altérité… Dès lors, ce qui était perçu par certains comme difficulté et obstacle dans l'accès à la figure du Nazaréen, devient ici objet de fascination dans cette figure. Le Christ m'intéresse ou comme expression de la concrétude ou comme celle de l'universel ou des deux à la fois. Il devient à la fois le prototype de la divinité aussi bien que de l'humanité.

C'est aussi ce que systématise admirablement Berthouzoz, en ces termes: « Il n'y pas d'autre manière pour Dieu d'être Absolu que de se décider lui-même à être ce qu'il est. Cet acte d'auto-détermination est proféré dans la personne du Fils. Sa manifestation dans l'histoire (Incarnation) comme *universel concret* est révélatrice de l'Esprit[17] ». Nous avons affaire à deux témoignages concordants qui invitent à la réflexion. Ces concepts qui s'actualisent dans la figure de Jésus de Nazareth sont-ils ici chargés de nouvelles significations, appliqués à lui ou ont-ils en eux-mêmes la même capacité de signifiance, appliqués sur tout sujet spirituel ?

---

[16] Ghislain Lafont, *Histoire théologique de l'Eglise catholique,* Paris, Cerf, 1986, p. 300.

[17]Roger Berthouzoz, « Résumé des débats : L'Absolu et l'Histoire dans la philosophie de Hegel » in Jean-Louis Leuba Carlos Josaphat Pinto de Oliveira Pinto, *Hegel et la théologie contemporaine,* Neuchâtel, Delachaux et Niestlé - 1977 p. 165.

Disons, avant tout, que, de soi, le concept de divinité, du moins telle qu'elle est considérée généralement, implique, implicitement ou explicitement, l'idée d'ouverture, de transcendance et d'universalité. Le grief de bien de religions contre le christianisme ne vient-il pas souvent du fait que celui-ci confesse un Dieu qui s'est inséré dans le tissu humain en acceptant ses conditionnements et donc ses limitations ? A ce titre, le refus de voir dans le Christ le Fils éternel de Dieu est, d'une certaine façon, la logique d'une telle idée commune de la divinité.

Le cœur de notre préoccupation est de savoir s'il n'est pas d'autre lieu où fonder le rôle universel reconnu à Jésus hormis sa filiation divine. Autrement dit : « n'existe-t-il pas une donnée humaine, discernable à tous, qui témoigne de cette situation originale? Est-il indispensable d'avoir recours à la 'grâce invisible' pour reconnaître à Jésus son rôle? Doit-on renoncer à découvrir dans le mouvement de l'histoire, et dans la structure de l'homme comme telle une anticipation de l''universalité' effective confessée dans le cas de Jésus? »

Autrement dit, pour montrer à nos contemporains que Jésus n'est pas cet inconnu qui vient de trop loin, il convient de trouver la façon la meilleure de monter qu'il est, en définitive, l'autre de moi-même.

## 1. Jésus Christ, l'autre de moi-même

Partons ici d'une simple assertion : Jésus Christ est l'autre de moi-même par son humanité. Mais ce disant, en quel sens son humanité me révèle à moi-même tout en m'ouvrant à autrui ?

Ce qu'il importe de scruter ici, c'est la profonde signification de la confession 'Jésus-Christ est consubstantiel à nous'. S'il est réellement consubstantiel à nous, le mystère humain devrait pouvoir dire 'quelque chose' de son propre mystère. En partant de l'homme, de sa singularité, de son altérité et de son incommunicabilité, il est possible, de saisir le mystère de celui qui *pour nous* a voulu se faire homme-avec-les-hommes.

S'il est vrai que « l'homme ne saurait avoir une intelligence plus parfaite de sa propre nature qu'en se considérant comme une façon possible pour Dieu de s'exprimer lui-même[18] », il n'est pas moins vrai d'affirmer qu'une certaine compréhension de l'homme éclaire nos considérations sur la Déité.

Saisir l'universalité concrète du Christ ne consiste donc pas à avancer des affirmations plus ou moins fallacieuses pour étayer une vérité supposée admise depuis des siècles, encore moins répéter des déclarations dogmatiques fussent-elles celles du Magistère de l'Eglise. C'est dans l'affrontement libre et courageux des questions anciennes et modernes suscitées par cette 'prétention' de la foi chrétienne que nous entendons évoquer le point d'ancrage entre l'humain et le divin.

Saisir ce point d'ancrage c'est substantiellement répondre à deux préoccupations : 1°/ en quel sens l'homme est-il un réel qui ne peut s'accomplir en définitive qu'en Jésus-Christ ? 2°/ qu'est-ce qui dans le mystère humain peut-il constituer un éclairage sur notre appréhension du mystère divin ? Il est incontestable que l'homme est ontologiquement un être à "*la recherche du verbe*" ; autrement dit, il est par essence ouvert sur une transcendance hors de laquelle il ne saurait se réaliser pleinement. En effet, « l'homme ne meurt (...) pas au contact de l'absolu, il meurt de s'imaginer absolu et de ne pouvoir s'ouvrir à la reconnaissance désintéressée de l'Autre, nom le plus approprié pour désigner Dieu[19] ». Et puisque Jésus de Nazareth confessé Christ par les communautés ecclésiales est

---

[18]Rahner, Karl. *Est-il possible aujourd'hui de croire?* Paris, Marne, 1966, pp. 35.

[19]Christian Duquoc, *Messianisme de Jésus et discrétion de Dieu*, Genève, Labor et Fides, 1984, p. 10.

un autre nom de l'Absolu tout en nous renvoyant au Père avec qui il partage les prérogatives de l'absolu, il est la voie la plus sure pour accéder à cette transcendance constructive. Comme on peut le constater, ce sont les concepts mêmes d'humanité et d'absolu qu'il importe de revisiter afin de mieux appréhender la lumière réciproque que l'un apporte à l'intelligence de l'autre. Laissant à plus tard les précisions nécessaires sur le concept d'absolu, nous voudrions nous efforcer de préciser spécialement à ce niveau, celui d'humanité et son importance pour la question de l'universalité concrète du Christ. C'est là seulement, nous semble-t-il, que nous aurons assez d'éléments pour expliciter le rapport entre Jésus le Christ et le genre humain. Ce faisant, nous pourrons nous prononcer plus aisément sur le lieu de vérité ultime (entre l'humain et le divin) de l'universalité concrète.

On connaît l'importance que les recherches sociologiques contemporaines reconnaissent aux 'communications'. L'ouverture ontologique de la 'nature' humaine est virtuelle sans les conditions matérielles et techniques qui la rendent effectivement universelle. Une 'communication des consciences' sans substrat matériel n'appartient pas à l'ordre humain: il s'agirait, en effet, d'une communication anhistorique, donc indiscernable. Les théologies classiques s'orientaient vers une 'communion des consciences' sans conditions matérielles nécessaires, d'où l'impasse devant laquelle elles se butent[20].Aussi, Christian Duquoc a-t-il pu se demander « si la qualification d''universel' reconnu à un 'individu' est susceptible d'un sens rigoureux. N'est-ce pas inconsciemment faire équivaloir l'individualité et l'idée? Celle-ci a une validité universelle' si elle est un principe permanent de renouveau dans les relations entre les hommes

---

[20]Christian Duquoc, *Christologie. Essai dogmatique, 1. L'homme Jésus,* Coll. « CogitatioFidei » n° 29, Paris, Cerf, 1968, p. 249.

et l'investigation de l'univers (...) Un concept universel est un concept dynamique. Un individu n'est pas un concept…[21] ». C'est à travers la limitation historique de Jésus que nous voudrions tenter d'atteindre son universalité. Car Jésus atteint tout homme non pas malgré cette limitation, mais précisément en elle. Il ne serait pas question de renier le Juif, le Galiléen en Jésus. La connaissance 'spirituelle' du Christ ne nie pas son histoire et son individualité. La connaissance 'théologique' ne banalise pas la vérité concrète au profit d'une idée: elle n'est authentique théologie que dans la mesure où l'individualité concrète de Jésus n'est plus scandale pour elle, mais 'médiation'[22].

C'est pour que l'approche anthropologique soit le support d'une christologie intégrale, qu'il nous a paru nécessaire de bien délimiter le concept d'humanité. On peut, une fois encore, formuler à cet effet deux questions qui constitueront le fil conducteur de notre investigation en ce domaine : « Qu'est-ce que l'homme pour qu'un individu particulier puisse le représenter auprès de Dieu? Qu'est-ce que l'homme pour que le devenir d'un individu particulier engage l'histoire de toute l'humanité?[23]. »

---

[21] *Ibidem*, p. 252.

[22] *Ibidem*, p. 41.

[23] *Ibidem*, p. 228.On se souvient que Descartes qui s'était, lui aussi, trouvé devant l'exigence de donner une définition sur l'homme avait plutôt préféré renoncer à ce projet afin d'éviter le danger que cela comportait pour une juste intelligence du mystère humain. Voici ce qu'il écrit à cet effet : « Qu'est-ce qu'un homme ? Dirai-je que c'est un animal raisonnable ? Non certes ; car il faudrait après rechercher ce que c'est qu'animal, et ce que c'est que raisonnable, et ainsi d'une seule question nous tomberions insensiblement en une infinité d'autres plus difficiles et embarrassées ». Dans son ouvrage intitulé *La Recherche de la vérité*, il précise le sens de son refus (Cf. André Jacob (ed.), *Encyclopédie Philosophique Universelle*, I, Paris, PUF, p. 1158). La réponse à cette question nous permet déjà de mieux saisir le bien-fondé de l'articulation entre individu et communauté dans les cultures africaines…

Il faut se rappeler, avant tout, que l'humanité n'existe pas comme une réalité 'subsistante' et saisissable en soi. Au vrai, il n'existe que des êtres humains incarnant concrètement ce que désigne le concept abstraitement. Dans tout être humain, nous avons le compendium de l'humanité. Mais contrairement à ce que l'on a pu affirmer au sujet du rapport de l'homme au cosmos, un groupe humain (que l'on peut désigner par le tout) n'a pas essentiellement un *plus* par rapport à l'individu. C'est pourquoi, du point de vue ontologique, l'individu ne saurait se dissoudre dans le groupe ni le particulier dans l'universel. En d'autres termes, la somme des individus ne constitue pas un nouvel être plus parfait que l'individu pris isolement. Cela n'exclut pas toutefois que l'individualité soit déterminée par l'altérité. Mieux que l'altérité, c'est l'historicité concrète de l'individu qui rend possible tout vrai discours sur sa destinée. Tout discours sur l'homme qui ne prend pas en compte cette vérité de base risque de n'être que pure généralité et simple abstraction.

Le Christ, par son humanité, répond également à toutes ces déterminités. Aussi n'est-il pas nécessaire d'escamoter la vérité de la contingence historique de Jésus par des catégories abstraites que l'on retirerait de leur lieu d'effectuation pour les appliquer, de façon abstraite, à cet homme singulier et concret. Soutenir, par exemple, que la mort de Jésus est une mort universelle sans poser au préalable l'historicité concrète du Nazaréen et les circonstances mêmes de cette mort, c'est occulter la singularité au profit de l'universel. Ce faisant, l'on ne rend pas non plus justice à l'universalité puisque l'occultation de la singularité irrite l'universalité; l'oubli de la particularité historique de Jésus écarte toute anticipation effective de la Résurrection et donc toute interrogation pratique[24].

---

[24] Cf. Christian Duquoc, *Messianisme de Jésus, op. cit.*,p. 71.

Dans la mesure où l'Evénement Christ éclaire à la fois le mystère de la divinité et de l'humain, le maintien de la vérité de son historicité est aussi nécessaire pour l'affirmation de l'une que pour la confession de l'autre. C'est pourquoi, si l'on veut saisir à sa juste valeur le mystère qu'incarne le Christ, la voie la meilleure c'est d'éviter toute généralité abstraite à propos de son mystère. Il importe par contre d'avancer, par rapport à son mystère, des énoncés dans lesquels la réalité humaine peut être mieux cernée et radicalement saisie. A ce titre, on peut désigner l'homme *essentiellement* comme *ouverture*.

## 2. Humanité, réalité ouverte à l'universel par l'un de ses membres

Ce qui enlève aux vérités de la foi chrétienne tout soupçon mythique, c'est indubitablement leur enracinement dans le fait humain discernable au-delà de la confession croyante. Certes, la raison ne saurait se substituer à la foi sans qu'il y ait un conflit des interprétations. En ce sens, dans son rapport avec la foi, la raison devra toujours se faire collaboratrice et non maîtresse. Au nom de la lumière qui lui vient d'un ailleurs transcendantal, la foi est à même de franchir des limites insoupçonnées par la raison. Toutefois, l'exclusion 'a priori' de la raison du domaine de la foi peut être aussi périlleuse pour celle-ci que l'absolutisation de la raison en tout domaine. S'il est vrai que « depuis l'Incarnation, il est devenu impossible à la foi de s'exprimer autrement qu'en voyant Dieu et l'homme comme s'intersignifiant[25] », une vérité sur Dieu doit avoir, toute proportion gardée, une harmonique certaine sur l'homme. A ce titre, la capacité d'universalisation de Jésus suppose, pour être recevable,

[25] Adolphe Gesche, *Dieu pour penser. Tome 2 L'homme*, Paris, Cerf, 1993, p. 8.

qu'ontologiquement l'être humain soit déjà ouverture à la médiation universelle. « Dieu ne procède pas par miracle: si Jésus est l'homme universel, parce que Fils de Dieu, c'est que déjà il existe dans l'humanité même, une ouverture à cette médiation universelle par l'un de ses membres[26] ». Il est difficile de maintenir le fait de l'Incarnation dans sa vérité sans prendre en considération cette assertion. Car, « tenir pour négligeable l'aspect humain de cette transcendance, c'est abandonner le mode de révélation et ne plus percevoir que Dieu ne devient objet possible de connaissance religieuse pour l'homme qu'à partir de son humanité[27] ». Saisir l'homme comme ouverture, n'est pas satisfaire à une exigence purement anthropologique mais poser des bases d'une intelligence radicale de l'Evénement Christ dont le mystère éclaire admirablement l'être humain.

Ce qui est affirmé ici à propos de la nature humaine reste valable également pour l'homme en tant qu'individualité. En ce sens, si reconnaître que l'ouverture de la nature humaine n'est pas affirmer l'universalité réelle et effective de tout homme envisagé dans sa singularité inaltérable, affirmer l'ouverture du moi à l'autre (Autre) ce n'est pas non plus proclamer une intersubjectivité constituante entre les individus. On peut en déduire alors qu'« il peut bien y avoir assomption dans une visée théologique, des substrats ontologiques de la nature humaine comme ouverture, mais il est clair qu'ils ne rendent pas compte de l'universalité actuelle de tel individu »[28]. Pour que notre réflexion sur l'homme ne tourne pas en narcissisme vidant la réalité de sa saveur et de sa valeur, il serait sans doute convenable que le regard soit dirigé en un 'au-delà' de l'individualité. Pascal n'a-t-il pas vu juste lorsqu'il soutenait que l'homme passe

---

[26]Christian Duquoc, *Christologie. Essai dogmatique*, *1.Op. cit.,* p. 228.
[27]Christian Duquoc, *Christologie. Essai dogmatique*, *1, op. cit.*,p. 95.
[28]*Idem*, p. 244.

infiniment l'homme[29]? Il nous semble donc indispensable de mettre en lumière cet 'au-delà' de la singularité individuelle pour mieux apprécier le terme de son ouverture.

## 3. Transcendance, universalité possible de la relation à autrui

Dire que l'homme est ouvert sur l'univers, c'est, à vrai dire, un truisme. N'est-il pas défini essentiellement et existentiellement comme un microcosme?[30] En tant que tel, il entretient une infinité de relation avec le macrocosme d'où il est tiré et par où il passera pour rejoindre l'Origine et le Terme de son essence et de son existence.

On entend, avant tout, par ouverture une donnée toute simple qui n'a pas besoin d'une démonstration exhaustive. Elle est la prise de conscience d'un extérieur à soi qui fait partie de son monde et qui pourtant se distingue de soi. Ces intuitions rejoignent celles de Jolif qui a consacré de belles réflexions sur " Altérité et soi". Celui-ci écrit justement: « En introduisant l'Altérité, nous voulons intégrer à la réflexion le fait élémentaire, - ce qui veut dire aussi essentiel et fondamental, - que l'être humain apparaît lié à un domaine qui constitue pour lui un autre irréductible: je ne puis me poser ni me saisir sans me référer, dès le principe, à un

---

[29] Cf. Blaise Pascal, *Pensées*, 16.

[30] Malgré son inadéquation parfaite à *traduire* le mystère de l'homme, l'expression 'l'homme microcosme' a l'avantage d'être plus ouvert que 'l'homme image de Dieu'. Hérité, en effet, de l'Antiquité *via* Macrobe et Calcidius, le thème de l'homme microcosme est développé au XII$^{e}$ siècle par Bernard Silvestre (*De mundi universitatesive Megacosmus et Microcosmus*) et par Geoffroy de St-Victor (*Microcosmus*). Il voit en l'homme un condensé de tout l'univers physique (Cf. (Cf. André Jacob (éd.), *Encyclopédie Philosophique Universelle*, I, *op. cit.* , *p.*1164).

monde passé, à ma corporéité, bref, à un donné dont je ne puis effacer le caractère d'extériorité[31] ».

Cependant, il serait inexact de réduire l'ouverture de l'homme à son insertion spatio-temporelle. Dans le temps présent, c'est l'autre de lui-même qui est, non seulement, la condition de possibilité de son ouverture à un 'au-delà' du sensible mais aussi à une transcendance qui le constitue structurellement. Aussi, la transcendance apparaît comme la dimension la plus révélatrice du phénomène humain incommunicable dans son intériorité la plus intime et pourtant fait pour être ouvert sur l'Autre. Cette transcendance devient aussi le lieu d'effectivité de l'universalité possible de sa relation à autrui[32].

C'est la conscience de cette transcendantalité de l'homme sur le plan horizontal aussi bien que vertical qui incite à dénoncer l'insuffisance des théories de la sécularisation qui prétendent soutenir l'originalité et l'unicité du Christ dans l'histoire en faisant abstraction de sa filiation divine. Certes, la hâte à fonder la Médiation universelle de Jésus sur sa filiation divine élimine le rôle joué par son humanité. Toutefois, réduire Jésus de Nazareth à une pure immanence comme le firent ces théologiens américains du mouvement 'Godisdead' conduit inévitablement à une impasse[33].

La transcendantalité de tout être humain comme gage de son universalité nous fait découvrir quelque chose du mystère du Galiléen qui devient à son tour la source d'intelligibilité de notre être et de notre devenir. Le surplus de sens apporté ici aux fondements classiques de l'universalité du Christ se situe concrètement au niveau de l'humanité comme humanité et non plus nécessairement comme unie hypostatiquement à

---

[31]Jean Yves Jolif, *Comprendre L'homme. I Introduction A Une Anthropologie Philosophique*, cll. « CogitatioFidie » n° Paris, Cerf, 1967, pp. 154-155.
[32] Cf. Christian Duquoc, *Christologie, I, op. cit.*, p. 185.
[33]*Ibidem*, pp. 187-188.

la Personne du Verbe. C'est là un pas considérable dans ce projet de fonder *humainement* cette singularité universelle du Christ dans ce qui est commun entre lui et nous. L'on pourrait, à ce propos, soutenir qu'à supposer même que le Christ ne fût qu'un simple prophète, l'affirmation ici resterait toujours valable. Cependant, la démarcation ici des théologiens de la mort de Dieu n'est aucunement anodine puisqu'elle nous offre de précieux éléments susceptibles de fonder précisément la singularité universelle du Christ sur ce dont la théologie hérétique voulait précisément le débarrasser. N'est-ce pas là les convictions de Christian Duquoc lorsqu'il écrit:« La figure historique de Jésus est donc irréductible (...) L'événement Christ manifeste qu'en un homme singulier la relation transcendante de l'homme à Dieu, qui achève toute anthropologie, est historiquement et concrètement réalisée puis signifiée; en l'homme Jésus, la visée universelle toujours en voie d'accomplissement, mais jamais achevée de l'être humain, est concrètement réalisée. Les deux projets fondamentaux de l'être humain, relation à un Absolu et fin vers un avenir se recouvrent de façon singulière, et cet achèvement 'singulier' devient la norme ultime. Toute séparation entre le Christ de la foi et le Jésus de l'histoire affaiblit la situation singulière de Jésus et son unicité[34] ».

Les tentatives visant à voir dans le Christ une figure achevée de l'être humain expriment quelque chose de profond de l'Evénement Jésus-Christ ; elles restent toutefois en deçà du mystère abyssal qu'incarne cet "*homme qui venait de Dieu*"[35]. Réduire, en effet, cette figure historique à quelque autre figure humaine aussi parfaite soit-elle, ne vaut guère mieux. Il convient d'affirmer qu'indépendamment de l'union hypostatique, l'humain dans le mystère du Christ a reçu une

[34]*Ibidem*, p. 106.
[35]Cf. Joseph Moingt, *L'homme qui venait de Dieu,* coll. « CogitatioFidei » n° 176, Paris, Cerf, 1994.

profondeur de signifiance qui transcende tous les rêves d'humanisation d'hier, d'aujourd'hui et de demain. L'homme Jésus devient une figure normative pour toute humanité en ce sens qu'il nous fait contempler la vérité de notre humanité parfaitement docile à la grâce divine. La contemplation de l'humain dans le Christ nous fait accéder au quotidien au mystère de la transfiguration où l'homme entrevoit un tant soit peu la beauté, la perfection et le bonheur auxquels il aspire sans jamais y parvenir.

Plus loin, Christian Duquoc précise : « Jésus est le Fils de l'Homme cela signifie non pas la condition d'abaissement de Jésus, comme si 'Fils de Dieu' et 'Fils de l'Homme' s'opposaient. Ce titre désigne la fonction universelle et transcendante de Jésus, qui consiste à rendre Dieu humainement visible. De plus, parce que 'Fils de l'Homme' Jésus est tout homme. Le propos sur Jésus n'est pas un propos réductible à une anthropologie, c'est-à-dire, une affirmation qui vaudrait intemporellement de tout homme. Ce propos vise le mystère singulier de cet homme singulier: seul il est 'l'universel concret'[36] ».

Dans la bouche de Jésus, l'expression "Fils de l'homme" peut être considérée comme la forme parfaite de l'anthropologie théologique. Elle nous dit qui est cet homme tout en le renvoyant à celui dont il est, en vérité, le Fils unique. "Fils de l'homme" nous introduit non seulement dans l'humanité de Christ mais également dans l'humanité de son Père. Le Dieu révélé en Jésus Christ est d'une humanité telle qu'elle ne pouvait être que divine. Seul le Christ est "l'universel concret" en ce sens qu'il est l'unique être au monde à rendre Dieu humainement présent au milieu des hommes et à élever l'homme à un tel degré d'humanité qu'il ne pouvait s'épanouir qu'en Dieu. C'est dans la même ligne que W. Kasper a pu écrire:« Jésus Christ est d'après l'Ecriture l'homme pour les autres hommes. Son essence est

---

[36]Christian Duquoc, *Christologie, I, op. cit.*, pp. 105-106.

oblation et amour. Dans cet amour pour les hommes il est la forme concrète de présence du règne de l'amour de Dieu pour nous. Sa participation à l'humanité est donc la manifestation (épiphanie) de sa filiation divine. Sa transcendance par rapport aux autres hommes est l'expression de la transcendance par rapport à Dieu. De même que par rapport à Dieu il est entièrement existence dans la réceptivité (l'obéissance), de même par rapport à nous il est existence dans le don et la représentation. Par cette double transcendance il est Médiateur entre Dieu et les hommes[37] ».

Être "homme pour les autres hommes", c'est précisément ce à quoi le Christ nous invite. Nos projets d'unification sectorielle et même mondiale ne seront que de pure panacée s'ils ne sont pas fondés sur le roc d'altruisme que nous suggère Jésus Christ. C'est davantage vrai qu'il est plus tentant de bâtir des tours de Babel, renonçant ainsi à la condition humaine pour ambitionner celle divine malgré Dieu et même contre Dieu que de vivre dans une obéissance filiale où chacun se soucie du sort de l'autre. Et pourtant, l'oblativité est la voie royale d'humanisation et par conséquent de divinisation. Tout autre projet visant à s'élever sur les ruines de l'autre ne saurait conduire qu'à la ruine tant il est vrai que tout vrai bonheur est partage et solidarité et non autosatisfaction égoïste et individualiste. La pertinence du concept d'universel concret pour l'Afrique est déjà à ce simple niveau.

---

[37] Walter Kasper, *Jésus, le Christ*, trad. J. Désigaux et A..Liefooghe, coll. « CogitatioFidei », Paris, Cerf, 1996[5], p. 327.

# La pertinence du concept d'universel concret pour l'Afrique

Notre conviction primordiale est que l'Afrique peut et doit s'élever au rang des grandes nations de ce siècle. Cela suppose que les Africains le veuillent et en prennent résolument les moyens. Un des moyens, non des moindres, susceptibles d'aider l'Afrique à s'élever sans compromission c'est l'acception courageuse du Christ comme paradigme incontournable de l'universel et du concret. Mais pour que le Christ soit réellement ce paradigme pour l'Afrique, il urge que les Africains acceptent de convertir leur mentalité, en promouvant trois *habitus* qu'on peut ainsi synthétiser : assumer son abaissement dans la vérité, vivre l'interculturalité comme une bénédiction et écarter tout complexe dans leur rapport aux autres[38].

---

[38] Les trois *habitus* ici évoqués rejoignent, d'une certaine façon, les trois pistes que nous avions suggérées pour le renouveau d'« une christologie ouverte et dynamique » en instance africaine dans un article antérieur. Voir Gaston Ogui Cossi, « Difficultés de la profession de foi en la singularité du Christ en Afrique occidental » in *Cristologia e Missiologia. Atti del Congresso Internazionale di Missiologia 17-20 ottobre 2000,* Roma, Urbaniana University Press, 2001, 328-332

## 1. Assumer son abaissement dans la vérité

Aussi légitime soit-elle, la quête de bonheur, surtout si celui-ci est mal défini, peut conduire à des impasses. Quoi qu'il en soit, le bonheur ne saurait être synonyme d'absence de souffrance ou d'épreuve. Mieux, le vrai bonheur est toujours indissociable d'une *désappropriation* aussi bien de choses extérieures que de soi-même. Loin d'être une déchéance, la désappropriation peut être plutôt un signe de *liberté* et même de libération. Le drame de l'humanité en général et de l'Afrique en particulier s'origine dans une certaine résistance à la désappropriation. Et pourtant, la kénose ou l'abaissement est considéré comme une voie de réalisation de la personne humaine et même des sociétés.

N'est-ce pas la prise de conscience de cette importance de la kénose qui a motivé un bon nombre de théologiens à l'introduire au cœur même de la Trinité immanente[39]. En tout cas, il est difficile de parler de relations en Dieu sans saisir ce concept sous l'angle de la désappropriation mutuelle entre les Personnes divines. Intégrer la kénose dans notre quête d'une Afrique réconciliée avec elle-même, c'est assumer son abaissement tel qu'il se présente dans la vérité de son être et la sincérité de sa vocation humaine. Ce faisant, nous pouvons réellement devenir des *co-créateurs* d'une nouvelle Afrique selon le dessein providentiel du Créateur.

A quoi sert de s'accrocher indument à l'honneur et à la gloire de ce monde alors que Celui dont le nom est Honneur et Gloire, a préféré revêtir l'humilité et la désappropriation pour nous les hommes et pour notre salut ? A quoi sert de se faire serviteurs des vanités de ce monde alors que tout cela doit irrémédiablement céder le pas au vide, voire au chaos ?
Ne pas dédaigner l'abaissement mais le choisir comme projet de vie, ce n'est pas faire preuve de naïveté, encore moins de

---

39. Voir entre autres, Hans Urs von Balthasar, *La dramatique divine. Tome 3 :L'Action*, *op. cit.* p. 301ss.

faiblesse ou d'indolence, c'est plutôt emprunter la voie de la liberté qui ne peut être que libératrice. C'est incontestablement la voie d'une altérité chargée de fécondité et de prospérité. Seule dans un tel choix, l'interculturalité peut être saisie comme une bénédiction.

## 2. Vivre l'interculturalité comme une bénédiction

Le Christ, en raison de son incarnation rédemptrice et de son rang au sein de la Trinité, est désormais pour nous le modèle parfait de l'unité dans la différence. L'oubli ou la négation de l'autre, attitude commune à la plupart de nos pays africains, est le handicap premier à la prospérité et à l'épanouissement de l'interculturalité. Nier à l'autre son identité et sa spécificité, c'est nier la réalité et l'essence même de l'interculturalité.

Qu'on le veuille ou non, notre siècle est et sera le siècle de l'*inter* ... Le débat ici n'est pas de savoir si l'on doit vivre l'interculturalité ou non ; le vrai débat c'est plutôt comment en faire une bénédiction pour les cultures qui s'engagent de force ou de gré dans ce processus. La réponse ne saurait venir d'ailleurs que de l'intérieur de chaque culture. Jésus a laissé à ses disciples une maxime de sagesse dont l'application apparaît comme la clef de voûte de l'interculturalité : "Ce que vous voulez que les autres fassent pour vous, faites-le pour eux pareillement" (Cf. Lc 6,31). Nous pouvons paraphraser cette maxime en affirmant : « Traitez les autres cultures comme vous voulez que la vôtre soit traitée ».

Nous ne pourrons mettre un terme aux violences interethniques et interculturelles qu'en accueillant les cultures différentes des nôtres comme des cadeaux du ciel. Vivre en effet l'interculturalité comme une bénédiction c'est accepter la différence comme un enrichissement et non comme une tare. S'il est vrai qu'aucune culture du monde n'est parfaite en elle-même, aucune ne saurait être considérée comme foncièrement perverse. Le perfectionnement de chacune de nos cultures n'adviendra que grâce au bon accueil que chacune accorde aux autres et les autres à chacune.

L'être et l'exister du Christ peuvent être encore ici pour nous plus que paradigmatiques. Lui qui, de Juif qu'il était, s'est fait « tout à tous » nous révèle que l'interculturalité est une chance que nous pouvons et devons saisir dans notre désir d'un monde de paix, de justice et d'amour. Cela suppose que tout complexe soit banni dans nos rapports interpersonnels.

### 3. Ecarter tout complexe dans son rapport aux autres

S'il est vrai que l'universalité du Christ ne porte entorse à aucun individu pas plus qu'à aucune culture, il reste vrai également que l'ouverture aux autres dans le respect de leur différence ne saurait ni nous diminuer ni nous humilier. S'attacher au Christ comme paradigme d'universel concret, c'est prémunir nos cultures de tout danger d'autarcie et de disparition. N'oublions pas cette belle intuition du grand défenseur de la cause noire qu'est Aimé Césaire :« Il y a deux manières de se perdre: par ségrégation murée dans le particulier, ou par dilution dans l'universel » (Aimé Césaire).
Ecarter tout complexe dans nos rapports aux autres, c'est promouvoir un dialogue interculturel dans lequel chaque culture interpelle l'autre dans le respect et la considération. C'est aussi le chemin pour que le positif de chaque culture prenne le pas sur le négatif dans un échange de valeurs où la singularité et l'universalité du Christ deviennent normatives. C'est pareillement ouvrir chacune de nos cultures à l'universel et à la spécificité en décelant ce que chacune peut offrir de beau, de noble et de meilleur à l'édification d'un monde plus fraternel et donc plus humain. Dans le Christ et par le Christ, les cultures et les peuples du monde ont

d'énormes chances de faire de leur identité singulière le lieu d'unité et de communion, sans complexe, mais plutôt dans le respect et l'émerveillement de ce que Dieu tisse pour l'ensemble du cosmos avec le fil de chacune de nos différences.

# Conclusion

Il est indéniable que les solutions jadis préconisées aux divers maux de l'Afrique sont innombrables. Même si certaines ne sont quelquefois que des farces ou des poudres aux yeux des Africains, d'autres, par contre, sont réellement la résultante d'une quête sincère et légitime pour sortir de marasme et d'incohérence, l'un des continents les plus riches du monde et qui nage pourtant dans une très grande misère. Si seul l'argent était la cause de la paupérisation des pays africains et des Africains eux-mêmes, les nombreuses aides individuelles et communautaires déversées en Afrique depuis plus d'un demi-siècle (aides provenant bien souvent de petites gens et des pauvres) auraient réussi à résorber les problèmes liés au sous-développement. M'inscrivant en faux contre les Afro-pessimistes, je continue de croire que le relèvement de l'Afrique et des Africains reste possible à condition qu'on ne se trompe pas de cible. C'est dans un réalisé serein et donc dépourvu de tout piétisme que nous avons préconisé l'ouverture inconditionnelle au Tout Autre de qui viendra à coup secours sûr notre secours.

En effet, même si certains Occidentaux croient pouvoir se passer de Dieu et construire un monde sans Dieu ou contre Dieu aujourd'hui, au point de nier les racines chrétiennes de l'Europe, il ne demeure pas moins vrai que c'est le christianisme qui, en grande partie, a façonné la culture occidentale dans la quasi-totalité de ses aspects. Qu'on le veuille donc ou non, le christianisme restera toujours une chance pour l'humanité et pour ceux qui l'accueilleront avec humilité et générosité. Et puisque, le « christianisme, plus qu'une doctrine, est une Personne : la Personne même de

Jésus[40] », c'est lui Jésus, le Christ qui est, en définitive, la Chance pour l'humanité.

C'est vrai également que l'Afrique reste un peu comme imperméable aux vraies valeurs du christianisme et de l'Evangile du Christ ; et c'est là que le bât blesse. Et pourtant, les erreurs de 150 ans d'évangélisation ne sont pas suffisantes pour conclure au rejet du Christ par l'Afrique. S'il est vrai que le XX^e^ siècle a été le siècle où l'Afrique a connu un grand nombre de baptisés, de prêtres et même d'évêques, il faut souhaiter qu'au XXI^e^ siècle elle connaisse plus de chrétiens et de *vrais* prophètes.

La figure du Christ telle que nous venons de la présenter recèle tous les remèdes aux divers maux de l'Afrique et des Africains. En effet, l'Afrique ne saurait se relever de ses tâtonnements et donc être activement présente au rendez-vous du donner et du recevoir que dans la bonne gestion de l'universel concret. Cela est vrai essentiellement sur le plan national, continental et religieux.

Sur le plan national, il convient dorénavant de passer de la conscience ethnique à la conscience nationale. Le drame de la plupart des pays africains n'est-il pas l'instrumentalisation des ethnies aux fins non avouées ? Sortir des calculs purement ethniques pour une ouverture nationale, c'est garantir à nos pays une cohésion nationale qui les préserve de l'émiettement et de la ségrégation. En ce sens, l'interculturalité, bénédiction pour nos pays, pourra faire de la pluralité d'ethnies une floraison de chances, un levier pour un continent émergeant à tous les niveaux.

Sur le plan continental, la quête de l'universel qui va de pair avec la valorisation de nos particularités identitaires pourra faire des pays africains des nations qui se respectent et qui imposent le respect aux autres. Pour ce faire, il urge d'œuvrer pour l'émergence d'une ou des langues africaines,

---

[40] Maurice Zundel, *op. cit.*, p. 61.

cerveaux de la culture et garantes de tout dialogue adulte avec d'autres cultures.

Sur le plan religieux, tout en luttant contre tout syncrétisme de mauvais aloi, favoriser le dialogue interreligieux, comme lieu privilégié de l'édification d'une paix vraie, sincère et durable. En ce sens, une attention particulière devra être accordée à la Religion Traditionnelle Africaine (RTA), patrimoine commun aux adeptes de toutes religions reconnues en Afrique.

Essentiellement commun à tous les peuples et à toutes les cultures du monde, le défi de l'articulation de l'universel au concret trouve sa spécificité en Afrique. Le risque est toujours grand de chercher à esquiver les difficultés inhérentes à ce défi. La génération précédente de théologiens africains n'a pas toujours su relever ce défi. Dans certains cas, le désarroi semé inconsciemment dans les cœurs des chrétiens est au-delà du bien qu'on croyait leur offrir.

La jeune génération de théologiens africains a, en ce domaine, une mission exceptionnelle. Le relativisme qui a marqué la fin du 20$^{e}$siècle dans presque tous les domaines du savoir ne manquera certainement pas d'exercer, au 21$^{e}$siècle, son influence sur elle. La survie de la foi en Afrique, comme celle de la culture aussi d'ailleurs, dépendra de la fidélité de ces théologiens à l'Esprit qui crée toute chose nouvelle tout en préservant de l'erreur. Aurions-nous le courage de renoncer à tout conformisme pour nous élancer sur les pistes de conceptualisations audacieuses prenant en compte la quintessence du patrimoine africain sans rien sacrifier de l'essentiel du mystère de l'Homme Dieu ? Cela est à souhaiter !

Seconde partie

# Pensées communicationnelles pour l'Afrique du 21$^{e}$ siècle

## Comment l'Afrique peut-elle défendre son identité dans le jeu universel ?

Par Francis Barbey

# Introduction

Dans le milieu de la recherche, les chercheurs de différents champs deviennent de plus en plus sensibles à la dimension transdisciplinaire des objets qu'ils observent et analysent en vue de construire des connaissances. Il ne s'agit pas de prétendre à un paradigme universel de recherche, mais juste de construire sa **vérité scientifique** en prenant **une part de vérité** aux autres sciences.

Depuis longtemps, la théologie et les théologiens se servent de la philosophie, non pas comme d'une servante servile, comme certains ont pu le prétendre, mais comme d'un outil de structuration de sa propre pensée. C'est donc à juste titre que le cardinal Joseph Ratzinger notait que « la crise de la théologie postconciliaire est, dans une large mesure, la crise de ses fondements philosophiques [...]. Quand les fondements philosophiques ne sont pas clarifiés, le sol se dérobe sous les pieds de la théologie. En effet, il n'apparaît plus alors avec clarté le point jusqu'où l'homme connaît vraiment le réel, et quels sont les fondements à partir desquels lui-même peut penser et parler[41] ».

---

[41] Joseph Ratzinger, traduit à partir de l'édition italienne : " L'unità di missione e persona nella figura di Giovanni Paolo II ", 1998, in Id., *Giovanni Paolo II. Il mio amato predecessore*, Città del Vaticano e Cinisello Basalmo, cité par la Congrégation pour l'éducation catholique dans le *Décret de Réforme des études ecclésiastiques de Philosophie*, http://www.vatican.va/roman_curia/congregations/ccatheduc/documents/rc_con_ccatheduc_doc_20110128_dec-rif-filosofia_fr.html (12-1-2012).

Au-delà du prestige qui est ainsi conféré à la philosophie pour sa capacité à faire réfléchir et parler l'homme, c'est heureux que, désormais, la théologie, dans ce qu'elle a de science et de non science[42], s'ouvre également aux sciences sociales pour une compréhension plus élaborée et plus contextualisée des phénomènes à la fois humains et divins qui concernent son champ. Autrement dit, « la vérité révélée doit être considérée également en relation avec les acquisitions scientifiques de l'époque contemporaine afin que l'on aperçoive clairement "comment la foi et la raison se rencontrent dans l'unique vérité ", et son exposition doit être telle que, sans porter atteinte à la vérité, elle se trouve adaptée au génie et au caractère propres à chaque culture, en tenant compte particulièrement de la philosophie et de la sagesse des peuples, à l'exclusion cependant de toute espèce de syncrétisme et de faux particularisme[43] ». Certes, les projets d'un théologien diffèrent de ceux d'un sociologue par exemple. Les méthodes ne sont pas non plus les mêmes. Car, comme l'affirme Edward Schillebeeckx, « il s'agit de cadres théoriques différents où se profile *un seul et même donné*[44] ». Cependant, on peut affirmer que la théologie et les autres sciences peuvent s'éclairer mutuellement et séparément, sans qu'il ne s'agisse pour le théologien non spécialiste des autres sciences de faire, ce que Schillebeecks appelle, « une

---

[42] Gaston Bachelard d'abord et Gilbert Durand ensuite ont posé la problématique de la non science dans la science. Cf. Gaston Bachelard, *Le nouvel esprit scientifique*, Paris, Puf, 2003 (édition originale, 1934) ; Gilbert Durand, *Les structures anthropologiques de l'imaginaire*, Paris, Dunod, 1992.

[43] Jean-Paul II, *Sapientia Christiana. Constitution Apostolique,* http://www.vatican.va/holy_father/john_paul_ii/apost_constitutions/documents/hf_jp-ii_apc_15041979_sapientia-christiana_fr.html (12-1-2012).

[44] Edward Schillebeeckx, *Plaidoyer pour le peuple de Dieu*, Paris, Cerf, 1987, p. 13.

combinaison hybride de positivisme et de théologie purement "spéculative"[45] ».

Je suis reconnaissant à mon ami Gaston Ogui qui m'a demandé de participer à un séminaire sur le thème de l'universel concret[46]. Gaston sait que j'ai beaucoup d'admiration pour le théologien de grande culture, ouvert et généreux, qu'il est. C'est pourquoi ma participation à cet ouvrage, qui est d'abord le sien, est un hommage que je lui rends.

Lorsqu'il m'a demandé d'intervenir dans son séminaire qu'il a voulu transdisciplinaire, il ne s'agissait pas, m'a-t-il prévenu, de théoriser sur la théologie de la communication[47] – je n'en aurais pas les moyens ! – mais d'aborder la question avec des outils communicationnels afin d'offrir à ses étudiants (en théologie) une occasion d'enrichir leur pensée théologique sur le rapport entre l'universel et le particulier. J'ai accepté volontiers une telle aventure en exigeant de pouvoir aborder dans mon propos (dans le dernier chapitre) des questions qui touchent à ce que j'appelle ici la communication de la théologie, autrement dit à l'évangélisation. En montrant comment, dans tout processus de communication qui met en jeu des questions de symbolisation et d'interprétation, au sens de Paul Ricœur[48], et où le contexte peut déterminer, pour une grande part, la nature de l'information, la notion même d'universel devient relative par rapport aux particuliers existants, j'ai souhaité

[45] *Ibid.*, pp. 13-14.

[46] Tel que formulé, ce couple conceptuel ne me disait pas grand-chose. Après en avoir discuté avec Gaston, je l'ai décliné en universel / particulier pour mieux me situer dans mon champ d'analyse et rejoindre mes propres questionnements sur la question.

[47] Dont on perçoit les prémisses dans le texte conciliaire *Inter mirifica* et qui est développée dans l'instruction pastorale *Communio et progressio.*

[48] Paul Ricœur, *De l'interprétation. Essai sur Freud*, Seuil, Paris, 1965, p. 26.

orienter ma réflexion vers le rapport évangélisation et communication pour en apprécier la pertinence et interroger son expression dans la mission de l'Église qui est en Afrique.

Un sujet qui concerne le rapport entre l'universel et le particulier et qui fait une incursion dans le champ de l'évangélisation, ne peut pas être convenablement traité entre les quatre murs d'une salle de cours. C'est évident. Surtout lorsque les étudiants qui vous écoutent sont tous des agents pastoraux.

Nous avons donc poursuivi les échanges sur la question, longtemps après la fin du séminaire, au détour d'une rencontre sur le campus de l'Université Catholique de l'Afrique de l'Ouest ou ailleurs. C'est suite à ces échanges, qui semblaient ne plus avoir de fin, que j'ai accepté l'aventure suggérée par mon ami Gaston, d'écrire le présent ouvrage afin d'ouvrir à d'autres cette réflexion et, ainsi, de leur permettre de l'enrichir de leurs idées et de leurs observations.

Je tiens à remercier, de façon particulière, Laurence Corroy, maître de conférences à l'Université de Paris III - Sorbonne Nouvelle, pour la qualité de nos échanges sur la question, et surtout pour sa grande générosité intellectuelle. Son approche de l'universalité des Paroles du Christ, autrement dit de l'Évangile, m'a beaucoup aidé.

Cette contribution, bien que reposant sur le texte exposé au séminaire, prend en compte la richesse des échanges avec les étudiants et avec Laurence. Le débat est donc ouvert…

Cela dit, on remarquera que le rapport entre l'universel et le particulier pose la question de la diversité humaine dont Tzvetan Todorov dit dans son ouvrage *Nous et les autres* qu'elle est infinie[49]. Alors, comment et par où l'observer ? L'auteur distingue deux perspectives d'exploration :

- La première cherche à comprendre si nous formons une ou plusieurs espèces. À supposer que l'espèce soit une, « quelle est (alors) la portée des différences entre groupes humains ? ». La problématique de **l'unité et de la diversité humaine** est dès lors posée!
- La seconde s'attache aux valeurs. Existe-il des valeurs universelles à tel point qu'il soit possible de porter des jugements au-delà des frontières ? Ou alors les valeurs seraient-elles relatives ? S'il existe des valeurs universelles, à quoi se réfèrent-elles ? Ici, la problématique qui est posée est celle de **l'universel et du particulier**. C'est dans cette perspective que s'inscrit ma démarche d'analyse qui essayera de montrer la relativité de l'universel et de s'interroger sur le positionnement de l'Afrique dans cette approche.

Comme durant le séminaire, j'aborderai la question en quatre parties. Dans la **première partie**, je prendrai quelques repères historiques, une sorte de détour par le passé sur la communication humaine. J'exposerai, dans une approche non déterministe, comment, historiquement, les systèmes de communication sont au cœur de l'évolution générale des sociétés. Une fois que ces repères auront été pris, j'exposerai brièvement dans la **deuxième partie** ce que j'appellerai *La pensée communicationnelle* à la suite de Bernard Miège[50]. Il s'agira de montrer la façon dont la science s'interroge et réfléchit sur les phénomènes humains de la communication. **La troisième partie** sera dédiée à une problématisation de

---

[49] Tzvetan Todorov, *Nous et les autres. La réflexion française sur la diversité humaine*, Paris, Éditions du Seuil, 1989, p.21.

[50] Bernard Miège, *La pensée communicationnelle*, Grenoble, Presses universitaires de Grenoble, 1995.

l'universel et du particulier à partir de quelques constituants de la pensée communicationnelle. Enfin, dans la **quatrième partie**, je dégagerai quelques pistes de réflexion pour poser la problématique de l'universel et du particulier dans le contexte de la mission évangélisatrice de l'Église.

# Repères (pré)historiques[51]

Des recherches sur le paléolithique ont montré que le sapiens sapiens a, au cours du temps, construit et développé des significations dans le but d'améliorer peu à peu la vie communautaire. Comme l'a si bien montré Claude Meyer, progressivement, on voit des supports décorés comme les armes et les outils (arcs, sagaies) qui ajoutent à la **fonction utilitaire** de ces objets **une signification**[52]. On peut noter également la présence d'éléments de parure pour enfant, adulte, homme ou femme. Sous une forme matérielle, ces supports deviennent un moyen de communiquer de l'information sur le statut social de l'individu. L'étude de tout cela montre que le choix des termes n'est pas aléatoire et diffère selon les catégories des objets.

Nos lointains devanciers avaient donc le souci d'une vie sociale de plus en plus élaborée dans la mise en place d'une communauté sociale qui s'organise autour des codes de symbolisation et de signification.

C'est dans cette logique que Melvin DeFleur et Sandra Ball-Rokeach ont développé leur *théorie des transitions*, théorie dans laquelle les auteurs mettent en relief le fait que **l'humanité a**

---

[51] Voir les détails de ces repères historiques dans Francis Barbey, *L'Éducation aux médias. De l'ambiguïté du concept aux défis d'une pratique éducative*, Paris, Publibook, 2009, pp. 22-24.

[52] Claude Meyer, *Aux origines de la communication humaine*, Paris, L'Harmattan, 2001, p. 185.

**toujours avancé par étapes**[53]. Chaque époque constituant toujours une nouvelle étape *d'accumulation*, avec ses progrès et ses régressions. C'est ainsi que la possibilité de stocker, de transmettre ou d'échanger des informations (qui s'est opérée dans le sens d'améliorer l'existence et de faire face à la lutte pour la survie personnelle et collective) est restée constante, reliant d'une certaine façon les différentes époques entre elles.

**Le concept de communication**, bien qu'il soit soumis à plusieurs modèles d'interprétation aujourd'hui, apparaît ici comme celui par lequel on pourrait résumer cette **dynamique humaine** en la percevant non pas comme un échange mécanique d'informations, mais comme un processus dans lequel des sujets agissant interagissent. De fait, selon Defleur et Ball-Rokeach, « ce fut la capacité de communiquer de façon plus complète et précise qui permit le développement croissant des technologies complexes, des mythes et des légendes, des systèmes explicatifs, logiques et moraux et des règles de comportement qui ont rendu possible la civilité[54] ».

On saisit alors un peu plus comment, durant les derniers millénaires, la capacité de sapiens sapiens à développer la communication de façon plus précise a rendu possibles de grandes transformations de l'existence humaine, étant entendu que « la nature des systèmes de communication dans une société donnée est en relation étroite avec tous les autres aspects de la vie quotidienne des individus qui en font partie[55] ». Le rapport entre communication et faits de culture (qui reste à analyser) est ainsi établi. Une fois de plus, on sort ici de l'approche qui ramène la communication au support, c'est-à-dire aux réseaux physiques, pour la concevoir comme « l'ensemble des processus physiques et psychologiques »[56] à travers lesquels se réalise et se maintient une

---

[53]Melvin L. Defleur et Sandra J. Ball-Rokeach, *Teorie delle comunicazioni di massa*, Bologna, il Mulino, 1995.
[54] *Ibid.*, p. 19.
[55] *Ibid.*, p. 21.
[56] Claude Meyer, *op. cit.*, p. 43.

dynamique d'interaction et d'échanges de messages liés à la recherche de solution pour l'amélioration de la vie individuelle et communautaire. Il s'agit ici d'une approche qui intègre ce qu'Armand et Michèle Mattelart appellent « la gestion des multitudes humaines[57] ».

La découverte de l'écriture à l'époque des Sumériens, vers 3000 ans avant Jésus-Christ, va introduire, de façon décisive, de grands changements dans les esprits et dans la vie sociale. Suivra le passage à l'âge de l'imprimerie avec l'invention des caractères mobiles au XVe siècle. À la fin du XIXe siècle et au début du XXe siècle, nous sommes entrés dans l'âge des communications dites de masse avec la presse, la radio, le cinéma, la télévision. Cette période se poursuit et se superpose avec l'âge de l'informatique et du numérique à la fin du XXe siècle et au début du XXIe siècle.

En définitive, on observe que tous les supports de communication humaine ont leur histoire ; et celle-ci, comme l'affirme Pierre Albert, « ne saurait se construire, ni se comprendre, sans une constante référence à l'évolution générale des sociétés[58] ». Mais pour bien la comprendre, une telle histoire est à situer, selon Philippe Breton, à l'intersection de trois circonstances : la **volonté de communiquer** (qui semble constitutive de l'humain), les **moyens techniques de communication** qui rendent possible la médiation, et le **contexte** dans lequel tout cela s'insère[59].

Ce qu'il faut retenir dans ce point, c'est que la communication, telle que nous l'entrevoyons, qu'elle soit directe ou médiatisée, s'inscrit toujours au cœur d'un contexte social avec ses jeux d'interaction et de symbolisation. De ce point de vue, la

---

[57] Armand et Michel Mattelart, *Histoires des théories de la communication,* Paris, La Découverte, 2004, p. 5.

[58] Pierre Albert, *Histoire de la presse*, Paris, Puf, Collection Que sais-je ?, 2003, p. 3.

[59] Philippe Breton, « L'idéologie de la communication et l'emprise des médias », Jean-Marie Charon (dir.) *L'état des médias*, Paris, La Découverte / Médiaspouvoirs / CFPJ, 1991, p. 244.

communication est d'abord et essentiellement humaine, et peut être comprise comme étant au service de la promotion humaine[60].

C'est sans doute cet aspect des choses, du fait que le développement des relations humaines soit au cœur des actes de communication[61], qui fait que plusieurs champs de recherches, tels que la sociologie, la psychologie, la sémiologie, etc., s'intéressent au phénomène humain de la communication. C'est dans cette perspective que je vais essayer d'analyser brièvement, dans le deuxième chapitre, la façon dont cette pensée communicationnelle se structure en modèles théoriques à partir de l'observation, de l'analyse et de la compréhension des pratiques humaines, qu'elles soient économiques, sociales, culturelles ou politiques.

---

[60] Francis Barbey, *Jean-Paul II et la communication. Ou quand la communication sociale devient facteur de vérité, de liberté et de promotion humaine*, Paris, Publibook, 2010.

[61] Guy Lochard et Henri Boyer, *La communication médiatique*, Paris, Seuil, 1998,

# Pratiques humaines et structuration de la pensée communicationnelle

Le développement technique continu des moyens de communication sociale qui s'est opéré au moins depuis la Première Guerre mondiale a fait dire que le XXe siècle était le siècle de la communication. Devant ces progrès techniques et leur impact (supposé ou réel) sur les individus et les pratiques sociales, s'est posée, pour beaucoup de chercheurs, la question du « comment » et du « pourquoi » de la communication, c'est-à-dire de son fonctionnement et de son sens dans l'activité humaine. C'est ainsi que, tout au long du XXe siècle, des chercheurs de diverses provenances disciplinaires et épistémologiques (sociologie, psychologie, mathématiques, ethnologie, l'histoire, l'économie, etc.) ont tenté, chacun à sa manière, de façon complémentaire ou contradictoire, d'approcher par leurs observations, leurs questions et leurs hypothèses, le phénomène humain de la communication et de formuler des modèles et des théories. Toutes ces approches restent, bien entendu, nécessaires dans la construction des savoirs sur la communication humaine, mais ne sauraient épuiser la compréhension d'une pratique complexe parce que liée à des hommes et à des contextes divers et différents.

Dans ma démarche d'analyse, je me permettrai de faire l'impasse sur les modèles et théories intermédiaires pour ne mettre en relief que les courants fondateurs avant de terminer par une incursion dans ce que Bernard Miège appelle « l'élargissement des problématiques ».

## 1. Les courants fondateurs

Les sciences de l'information et de la communication sont relativement très jeunes[62] en comparaison, par exemple, des sciences juridiques ou de la philosophie. La réflexion dite scientifique sur le phénomène de communication (comme faits ou comme moyens) date du début du XXe siècle. Les premiers à s'être s'intéressés à la question furent, pour la plupart, des sociologues qui l'ont étudiée en rapport avec des faits de société.

### *1.1. L'École de Chicago*

À partir d'expériences concrètes liées à la ville et aux enjeux des relations interindividuelles et sociales de ses habitants, l'École de Chicago[63] définit son champ de recherche et parle d'écologie humaine en référence à l'écologie animale et végétale qui intègre l'environnement comme condition d'existence. La ville est donc vue comme un « laboratoire social ».

Deux figures se distinguent parmi les chercheurs de l'École de Chicago : Robert Ezra Park (1864-1944) et Charles Horton Cooley (1864-1929). Le premier s'investit dans des travaux sociologiques, en particulier sur les communautés ethniques des immigrants, et s'interroge, par exemple, sur la fonction assimilatrice des journaux dont beaucoup sont en langues étrangères. Pour lui, une communauté n'existe que sous trois conditions : l'organisation sur un territoire avec ce que cela suppose d'interdépendance et de luttes entre les individus, ou le niveau « biotique » ; une

[62] La communication commence à intéresser les communautés académiques comme discipline autonome vers la fin des années 1960, d'abord aux États-Unis et ensuite en Europe. On note que Wilbur Schramm (1907-1987) a été pour beaucoup dans l'institutionnalisation de la communication comme discipline académique aux États-Unis. Voir par exemple Daniel Lerner et Lyle Nelson (edd), *Communication research. A half century of appraisal*, Honolulu, The University Press of Hawaii, 1977.

[63] Armand et Michèle Mattelart, *op. cit.*, p. 14.

superstructure de contrôle, basée sur le social (règles de conduite pour organiser la compétition) et la culture (modes de vie liés aux coutumes, aux croyances et aux supports techniques) qu'il faut dissocier de la première condition.

Quant à Cooley, à partir de méthodes ethnographiques, il étudie les comportements des immigrants et leurs difficultés d'intégration dans la société américaine.

Les nombreuses études menées par ces chercheurs entre 1915 et 1935, montrent que l'individu est soumis à une pression qui est la conséquence de la tension entre ses aspirations propres et les appels d'uniformisation du groupe véhiculées par les médias.

### *1.2. La Mass Communication Research*

Entre les deux guerres se développent le courant de la *Mass Communication Research.* Les initiateurs de ce courant sont Paul Lazarfeld, Carl Hovland, Kurt Lewin et Harold Lasswell. Le dernier cité est surtout connu pour s'être intéressé aux phénomènes de propagande et au fonctionnement des médias de masse. Dans *Propaganda Technique in the World War*, Lasswell analyse la guerre de 1914 - 1918. Pour lui, les moyens de communication comme le télégraphe, le téléphone, le cinéma et la radiodiffusion sont devenus des éléments incontournables et indispensables à la gestion des opinions. Il ne peut donc y avoir de démocratie sans la propagande qui demeure un puissant moyen de « susciter l'adhésion des masses ». La propagande peut être bonne ou mauvaise. Mais les médias comme supports sont considérés comme moyens de « circulation des symboles efficaces ». Et selon la perspective fonctionnaliste, ce contrôle social des médias s'exerce à travers trois fonctions qui sont la « surveillance de l'environnement », la « mise en relation » des acteurs de la société dans leur réponse à l'environnement et la « transmission » de l'héritage social[64].

---

[64] *Ibid.*, p. 21.

De fait, à cette époque, on reconnaît la toute puissance des médias sur le comportement de l'audience qui est elle-même perçue comme obéissant au schéma stimulus-réponse. Dans cette logique, l'effet direct des médias sur les individus atomisés fait percevoir ces moyens de communication de masse selon le modèle de « l'aiguille hypodermique[65] ». C'est dans le même contexte de l'idée de la toute puissance des médias que Lasswell formulera, en 1948, le modèle à cinq questions qui porte son nom. Il s'agit du *Who says what to whom in what channel with what effect* ? (Qui ? Dit Quoi ? À qui ? Par quel moyen ? Avec quels effets ?). En termes de recherche, cela fait référence à l'analyse de l'émetteur, du contenu, des moyens techniques ou supports, de l'audience et, finalement, à l'analyse des effets. Si ce modèle de Lasswell fut un véritable programme de recherche dans cette approche de la sociologie fonctionnaliste des médias, surtout en matière d'analyse des effets de la communication et du contenu des messages, remarquons qu'il n'y a pas de *feedback*. Assumant ainsi la perception d'un public passif, comme paradigme béhavioriste définissant la communication essentiellement comme un acte de persuasion[66].

À partir des années quarante, le courant empirique, sous la direction de Paul Félix Lazarsfeld, introduit une véritable rupture dans l'histoire de la sociologie fonctionnaliste des médias. Les idées courantes sur les médias et les méthodes de réflexions les concernant vont être remises en cause. De fait, Lazarsfeld introduit une nouvelle démarche épistémologique dans l'étude des médias et de leurs effets. Pour lui,

---

[65] La paternité de cette métaphore - *hypodermic needle* - n'est pas toujours claire. Cependant elle serait à attribuer, selon certains auteurs, à Harold Lasswell. Voir Jérôme Bourdon, *Introduction aux médias*, Paris, Montchrestien, 2000, p. 28 ; Armand et Michèle Mattelart, *op. cit.*, pp. 18-19; Éric Maigret, *Sociologie de la communication et des médias*, Paris, Armand Colin, 2003, p. 60.

[66] Cf. Philippe Breton et Serge Proulx, *L'explosion de la communication. Introduction aux théories et aux pratiques de la communication*, Paris, La Découverte, 2006, p. 138.

« l'activité scientifique ne consiste pas à rendre compte des possibilités de connaissance ou à interroger l'être même des choses mais à ordonner les vérités de l'expérience, ce qui s'avère primordial sur une question aussi peu documentée que celle des médias[67] ». La publication de deux de ses recherches, *The People's Choice*, écrit avec Bernard Berelson en 1944, et *Personnal influence* publiée en 1955, révèle, d'une part que trois variables sociales - à savoir : la classe, l'appartenance géographique et la religion - sont déterminantes dans les votes, contrairement à ceux qui pensent qu'il suffisait d'une bonne campagne électorale médiatique. Cette recherche de Lazarsfeld découvre dans l'analyse des médias, les groupes primaires et les leaders d'opinion qui jouent un rôle d'intermédiaires. D'autre part, s'agissant de la seconde recherche, la communication à deux étages (*two-step flow of communication*) est approfondie et l'hypothèse de l'influence des leaders d'opinion est confirmée, même si ceux-ci peuvent, à leur tour, être influencés par d'autres. En résumé, et selon Éric Maigret, « la thèse de l'omnipotence des médias apparaît erronée et l'idée que la société serait atomisée est tout simplement irrationnelle. Les effets des médias sont indirects et limités, filtrés par les capacités cognitives des individus, diffusés horizontalement, à l'intérieur des réseaux, et non verticalement, de l'émetteur vers le récepteur[68] ».

### *1.3. Le modèle cybernétique de la communication*

À la fin des années 1940, suite à plusieurs définitions de la communication, Abraham Moles définit ce qu'il appelle le *schéma canonique de la communication* : **Emetteur – Canal – Récepteur** plus un répertoire de signes ou éléments communs dans lequel

[67] Éric Maigret, *op. cit.*, p. 76.
[68] *Ibid.*, p. 80.

l'émetteur et le récepteur vont puiser pour coder ou décoder les messages.

Plus tard, le schéma canonique va intégrer le **feed-back**, la réaction par bouclage ou rétroaction de l'effet sur la cause.

Pour beaucoup de chercheurs, le schéma canonique de la communication a été sous l'influence de *la théorie mathématique de la communication* de Claude Shannon et Warren Weaver, deux ingénieurs des laboratoires Bell. Leur préoccupation liée surtout aux télécommunications, était « d'améliorer le rendement de la chaîne informationnelle en traitant les phénomènes pertubatoires que sont les bruits dans tout canal de communication[69] ».

On décèle également dans cette théorisation la place importante de Norbert Wiener qui publie *Cybernetics or control and communication in the animal and the machine* en 1948 et *The human use of human beings* en 1949. « Le but de la cybernétique, écrit-il, est de développer un langage et des techniques qui nous permettent de nous attaquer au problème de la régulation des communications en général, et aussi de trouver le répertoire convenable d'idées et de techniques pour classer leurs manifestations particulières selon certains concepts. [...] Vivre efficacement, c'est vivre avec une information adéquate. [...] Nous avons décidé de désigner le champ entier de la théorie du contrôle et de la communication, aussi bien dans les machines que chez les êtres vivants, sous le nom de Cybernétique que nous avons tiré du grec Knbernhtes, qui est synonyme de *pilote.* [...][70] ».

Pour Wiener, la rétroaction qu'il introduit dans le modèle de Shannon a une action bénéfique sur la circulation positive de l'information des sociétés et aide à lutter contre leur désorganisation.

[69] Bernard Miège, *op. cit.*, p. 15.

[70] Norbert Wiener, *Cybernétique et Société*, cité par Bernard Miège, *Ibid.*, pp. 17-18.

## 2. L'élargissement des problématiques : l'apport de la pragmatique

Dans la théorisation communicationnelle, telle qu'elle apparaît depuis le début, on peut noter comment, à l'intérieur de la même démarche de modélisation, se sont exprimés des positionnements complémentaires ou contraires. Même si la question des effets (directs ou indirects) des médias est restée constante, il est un fait qu'elle n'épuise pas toutes les problématiques liées à la communication comme cela apparaît déjà dans le modèle à cinq questions de Lasswell auquel j'ai fait allusion plus haut.

C'est dans ce contexte que nait, dans les années cinquante, l'École de Palo Alto[71] conduite par Georges Bateson (zoologue, anthropologue et éthologue). Pour ses membres, la recherche en communication entre les hommes commence à partir de la question suivante *:* **parmi les milliers de comportements corporellement possibles, quels sont ceux retenus par la culture pour constituer des ensembles significatifs ?** En réalité, note Yves Winkin, « la communication est pour ces auteurs un processus social permanent intégrant de multiples modes de comportement : la parole, le geste, le regard, la mimique, l'espace individuel, etc. Il ne s'agit pas de faire une opposition entre la communication verbale et la communication non verbale : *la communication est un tout intégré* [72] ». Ainsi, pour les membres de l'École de Palo Alto, « on ne peut pas ne pas communiquer ».

Les choix culturels pour constituer des ensembles significatifs posent la question des « codes » du comportement. « Ces codes sélectionneraient et organiseraient le comportement personnel et interpersonnel, régleraient son appropriation au contexte et donc sa signification. Tout homme vivrait nécessairement (bien qu'incon-

[71] Pour plus de détails, voir Edmond Marc et Dominique Picard, *L'École de Palo Alto. Communication, changement, thérapie*, Paris, Retz, 1984.
[72] Yves Winkin (dir.), *La nouvelle communication*, Paris, Le Seuil, 1981, p. 24.

sciemment) dans et par des codes, puisque tout comportement en entraîne l'usage[73] ». Ainsi se met en place ce qu'on a appelé le *modèle orchestral de la communication* dans lequel chaque individu participe à la communication plus qu'il en est l'origine ou l'aboutissement.

L'École de Palo Alto voit ainsi dans la communication, en tant que relations de sujet à sujet (*praxis*) et phénomène social, une mise en commun, une participation, une *communion*.

En reconsidérant mon interrogation sur l'universel et le particulier, dans le chapitre qui va suivre, je vais essayer de la discuter en m'appuyant sur quelques éléments de la pensée communicationnelle que je viens d'aborder dans ce chapitre-ci.

[73] *Ibid.*, p. 23.

# Problématisation communicationnelle de l'universel et du particulier

Dans *universel*, il y a univers. L'*universel* se rapporte donc à ce qui est commun à tous les hommes, lorsque le *particulier* renvoie à ce qui est propre à un groupe, à un peuple.

« Propre à une espèce, à un groupe, à un peuple » pose moins de problème de compréhension que « commun à tous les hommes ». En réalité, qu'est-ce qui peut être commun à tous les hommes ? Et quelle est l'**idée d'homme** qui est sous-jacente à cette communauté humaine ?[74]

Selon Tzveran Todorov, les utopies universalistes reposent sur plusieurs piliers dont la plus importante est l'*ethnocentrisme*. Celui-ci « consiste à ériger, de manière indue, les valeurs propres à la société à laquelle j'appartiens en valeurs universelles. L'ethnocentriste est, pour ainsi dire, la caricature naturelle de l'universaliste : celui-ci, dans son aspiration à l'universel, part bien d'un particulier, qu'il s'emploie ensuite à généraliser ; et ce particulier doit forcément lui être particulier, c'est-à-dire, en pratique, se trouver dans sa culture. [...] il croit que ses valeurs sont les valeurs, et cela lui suffit ; il ne cherche jamais à le prouver[75] ».

---

[74] Voir sur la question de l'homme, Lucien Sève, *Qu'est-ce que la personne humaine ? Bioéthique et démocratie*, Paris, La Dispute, 2006 ; Alfred Gomez-Muller (dir.), *La question de l'humain entre l'éthique et l'anthropologie*, Paris, L'Harmattan, 2004.

[75] Tzvetan Todorov, *op. cit.*, pp. 21-22.

L'ethnocentrisme a également deux facettes : la prétention universelle avec ses non dits de hiérarchisation culturelle, d'une part, et le contenu particulier (le plus souvent national) reconnaissable à son cloisonnement, de l'autre.

Pour Alfred Gomez-Muller, une telle question doit être approfondie dans sa réalité aussi bien que dans ses dérives historiques, parce que « l'universalité ne signifie pas la négation (fictive) des appartenances mais, bien au contraire, la reconnaissance publique de la pluralité des appartenances. À ce niveau, l'exigence de l'humain se confond avec l'exigence d'un certain retour au réel, car, dans l'histoire, l'universalité abstraite n'a jamais été si abstraite qu'on le dit : la politique culturelle de la Révolution française, l'ethnocentrisme des "Lumières", l'esclavage, la colonisation et certaines conceptions contemporaines du "développement" indiquent, de manière suffisamment claire, que nous avons trop souvent assimilé "l'universalité" à la "Civilisation" européenne[76] ». Une telle approche affirme explicitement que l'identité et les valeurs occidentales, dans ce cas précis, se présentent comme la norme de l'universalité. Au moment où, comme l'écrit Edgard Morin, la mondialisation provoque un certain repli identitaire et produit des « poly-crises », il n'est pas sans intérêt de travailler à sortir les mentalités des utopies universalistes, parce que « (…) la reconnaissance du pluralisme des croyances et le respect des cultures s'imposent comme un défi incontournable », en même temps que se montre incontournable « (…) un accord universel unique minimal autour d'un principe commun à toute l'humanité (…)[77] ».

Contrairement donc à l'ethnocentriste qui généralise toujours son particulier pour en faire la norme de l'universel, le rapport de

---

[76] Alfredo Gomez-Muller (dir.), *op. cit.*, p. 9

[77] Thomas De Koninck et Gilbert Laroche (coord.), *La dignité humaine. Philosophie, droit, politique, économie, médecine*, Paris, Puf, 2005, p. 9.

l'universel et du particulier peut se lire en réalité comme un rapport de particulier à particulier qui existe comme un « dia-logue » communicationnel, une communication orchestrale, un partage, une mise en commun, une communion. Une telle communication, selon l'École de Palo Alto, comporte sept dimensions :

- La communication comprise comme une activité sociale qui a pour matrice la Culture. La communication dite sociale, dans ce sens, maintient la relation entre les membres d'une même culture par des codes, des symboles et des règles qui permettent la régularité et la prévisibilité des interactions. L'individu est vu comme un acteur social.
- La participation à la communication n'est pas que verbale ; elle est également non verbale. Sur le plan de la symbolisation et des codes, la participation de l'acteur à la communication verbale et non verbale ne change rien au contexte de signification qui lui préexiste et qu'il doit s'approprier comme un outil de communication sociale.
- L'intentionnalité ne détermine pas la communication. Autrement dit, lorsque deux personnes interagissent, elles utilisent des codes de communication dans un contexte qui les précède et qui leur survivra.
- La communication est une construction notionnelle. Il ne peut donc s'agir ni de succès ni d'échec puisque l'échange suppose une négociation sur le sens des notions qui sont utilisées.
- La communication est un système intergénérationnel dans lequel chaque acteur apprend progressivement les codes et « programme » de son groupe social.
- Sans être forcément du groupe, l'observateur extérieur a toujours les moyens de « comprendre » les « usagers naturels ».

- Les membres d'une culture donnée interagissent comme dans un orchestre sans partition et sans chef. L'harmonie vient par le fait qu'ils se guident mutuellement en jouant[78].

Cette perception de la communication nous offre des éléments pour apprécier la question de l'universel et du particulier, spécialement à partir du rapport culture et communication. Les modes de vie et de pensée, leur sens et l'ensemble des circonstances dans lesquelles ils s'insèrent et peuvent être interprétés nous rappellent la proximité des faits culturels et du mouvement communicationnel de leur expression dans la société. Autrement dit, et comme l'a si bien montré Jean Caune dans un ouvrage consacré à la question, « le fondement de chacune de ces notions (culture et communication) est à rechercher dans l'être du langage et dans l'être de l'homme[79] ». Ici se pose, au-delà des faits de culture et de leur inscription dans l'espace public par les modes de communication, comme héritage transmis et comme rapports de communication, la question des rapports entre individu et société.
Lorsqu'il propose en 1871 la première définition du concept de culture, l'anthropologue britannique Edward Burnett Tylor présente des traits objectifs et neutres, ce qui permet, selon Denys Cuche, « de penser toute l'humanité et de rompre avec une certaine approche des "primitifs" qui en faisait des êtres à part[80] ». Pour Tylor donc, «"culture" ou "civilisation," prise dans son sens ethnologique le plus étendu, est ce tout complexe qui comprend la connaissance, les croyances, l'art, la morale, le droit, les coutumes et les autres capacités ou habitudes acquises par l'homme en tant

---

[78] Yves Winkin, *Anthropologie de la communication. De la théorie au terrain*, Paris, De Boeck Université / Édition du Seuil, 2001, pp. 87-88.
[79] Jean Caune, *Culture et communication. Convergences théoriques et lieux de médiation*, Grenoble, Presses Universitaires de Grenoble, 1995, p. 7.
[80] Denys Cuche, *La notion de culture dans les sciences sociales*, Paris, La Découverte, 2004, p. 16.

que membre de la société[81] ». Malgré cet apport de Tylor, Cuche fait remarquer que la genèse sociale et l'évolution sémantique du terme de culture ne permettent pas de parier aujourd'hui sur une définition normative. Cependant, « la notion de culture, comprise dans le sens étendu, qui renvoie aux modes de vie et de pensée, est aujourd'hui assez largement admise, même si cela ne va pas parfois sans certaines ambiguïtés[82] ». Ces ambiguïtés tiennent au fait que « l'usage de la notion de culture introduit directement à l'ordre symbolique, à ce qui touche au sens, c'est-à-dire à ce sur quoi il est plus difficile de s'entendre[83] ».

Edgar Morin, lui, appelle la culture "mot piège", c'est-à-dire un mot que l'on a difficulté à cerner et dont le sens peut varier dans les conversations et les polémiques sans que l'on ne s'en aperçoive. Cependant, on peut l'envisager « comme système faisant communiquer - dialectisant - une expérience existentielle et un savoir constitué[84] ». Dans cette logique, on pourrait concevoir la culture « comme un système métabolisant, c'est-à-dire assurant les échanges (variables et différenciés selon les cultures) entre les individus, entre l'individu et la société, entre la société et le cosmos, etc.[85] ».

Si la culture est un lieu de médiation symbolique en tant que d'abord « héritage transmis », selon le terme de Jean Caune, et rapport interpersonnel ensuite, la communication ne l'est pas moins. Selon Michel Juffé, il s'agit bien d'une activité qui nécessite « un apprentissage d'autant plus complet qu'il porte sur plusieurs dimensions de la communication : des techniques pour être entendu et entendre les autres ; des manières d'agir pour prendre place ou

---

[81] Edward Burnett Tylor, *La civilisation primitive*, cité par Denys Cuche, *Ibid.*, p. 16.
[82] Denys Cuche, *op. cit.*, p. 4.
[83] *Ibid.*
[84] Edgar Morin, *Sociologie*, Paris, Fayard, 1984, p. 347.
[85] *Ibid.*, p. 349.

modifier sa place dans telle ou telle collectivité ; des repères et des références pour, à terme, avoir le sentiment que notre action a un sens ; une connaissance de soi-même pour que ce sens corresponde à nos aspirations[86] ». Ce qui repose toujours nécessairement la question hautement complexe et presqu'ambiguë du rapport entre la culture et la communication, deux réalités que Jean Caune considère comme un « étrange couple », en ce sens « qu'aucune figure de la dualité – complémentarité, opposition ou différence – ne satisfait le rapport d'inclusion réciproque qui fait qu'un phénomène de culture fonctionne aussi comme processus de communication, qu'un mode de communication soit également une manifestation de la culture[87] ».

À partir de là, de ce rapport clair-obscur du couple culture-communication, je souhaite évoquer l'universel et le particulier dans la mission (universelle) de l'Église en essayant de mettre en relief la question culturelle, en tant qu'elle peut être considérée comme la matrice de la communication au sens de l'École de Palo Alto.

---

[86] Michel Juffé, *L'art de la communication*, Paris, Georg éditeur, 2000, p. 15.

[87] Jean Caune, *op. cit.*, pp. 6-7.

# L'universel et le particulier dans la mission évangélisatrice de l'Église[88]

La mission d'évangélisation de l'Église est une mission d'annonce ou plus précisément de proclamation. Proclamation de la Bonne Nouvelle du Christ. Sur le plan humain, une telle mission suppose des supports de communication au premier rang desquels se trouve le langage, attendu comme phénomène culturel et que Jean Caune considère comme « le fondement de la société humaine, tant sur le plan de son identité que celui de son évolution[89] ». Cette symbolisation communicationnelle apparaît comme nécessaire pour que la Bonne nouvelle parvienne à tout les Hommes jusqu'aux extrémités de la terre. Tel est l'un des défis majeurs de l'Église qui est en Afrique. Et sur ce point, pour incarner mon analyse et lier mes interrogations à celles de l'Église, je souhaite revisiter ici le document préparatoire du synode sur l'Afrique de 1994.

---

[88] Cette quatrième partie emprunte beaucoup aux chapitres 13 et 14 de mon ouvrage *Africain, prêtre et missionnaire en France*, Paris, L'Harmattan, 2010.

[89] Jean Caune, *op. cit.*, p. 15.

## 1. Le document pré-synodal

*L'Église en Afrique et sa mission évangélisatrice vers l'an 2000.* Tel fut le titre du très important instrument de travail préparatoire du synode de 1994 sur l'Afrique. En réponse aux préoccupations formulées par ce document et aux suggestions des pères synodaux, le pape Jean-Paul II a proposé, en 1995, l'exhortation apostolique post-synodale *Ecclesia in Africa* comme une réponse dans l'Esprit Saint pour encourager et accompagner l'action évangélisatrice de l'Église en Afrique. Plus de dix ans après et ce, malgré la convocation d'un autre synode sur l'Afrique par le pape Benoit XVI et dont les conclusions et les orientations sont contenues dans l'exhortation apostolique post-synodale *Africae Munus*, le constat que faisait cet instrument de travail me semble encore assez significatif et, par ailleurs, toujours actuel face aux défis de l'Église qui est en Afrique. Au fond, comme le souligne Benoit XVI, *Africae Munus* se veut une contribution à une Afrique réconciliée, autrement dit évangélisée. Elle se situe donc dans le prolongement des propositions d'*Ecclesia in Africa*[90].

Le document préparatoire en question parle, dans l'un de ses points, de *Signes des temps*. Ce point fait état des *signes positifs* et des *signes négatifs*. Sans être pessimiste, et avec toute l'ardeur de mon cœur de pasteur, je considère l'interrogation des signes négatifs comme un appel à ne pas baisser les bras et à toujours avancer au large. Ce qui suppose pour l'Église de continuer à prier l'Esprit Saint pour qu'il inspire une réflexion pastorale et des actions crédibles au service de l'évangélisation.

[90] Benoît XVI, *Africae Munus, Exhortation apostolique post-synodale*, Abidjan, Filles de Saint Paul, 2011, n°1.

Les signes négatifs dont il s'agit ici, et qui constituent malheureusement aujourd'hui encore pour beaucoup une source d'inquiétude sont :

- Les tendances au syncrétisme, dues peut-être au fait que l'on n'a pas prêté suffisamment attention à l'intégration des cultures africaines dans le processus d'évangélisation.
- La foi de certains chrétiens semble encore très fragile. Face aux différents courants actuels, ils restent souvent perplexes et confus, cherchant parfois ailleurs leur salut.
- Dans certaines régions, on constate une absence d'initiatives pastorales et l'abandon des initiatives prises à cause d'un manque de personnel dans l'Église.
- Par endroits, on trouve encore, dans les rapports entre le clergé et les fidèles laïcs, un manque de confiance, et cela malgré l'opinion de nombreuses Conférences Épiscopales pour la promotion de la participation des laïcs. [...]
- Partout sur le continent, la prolifération des sectes est sources d'inquiétude profonde.
- Divers aspects de la culture occidentale semblent induire un certain déséquilibre intérieur qui donne lieu au relâchement moral, à la diffusion de la corruption du matérialisme. L'argent devient une idole, le succès et la réussite sociale prennent l'allure d'un mythe.
- Nombreux sont les chrétiens qui semblent indifférents aux questions religieuses.
- Certaines influences négatives en provenance de l'étranger apportent un malaise généralisé et l'accroissement du sécularisme dans la société.
- On enregistre sur l'ensemble du continent une progression alarmante de la pauvreté. L'abîme qui sépare les riches des pauvres ne cesse de s'accroître,

produisant ainsi une classe sociale des gens non-assistés et déracinés.

- Les valeurs de la famille, jadis si importantes en Afrique, sont en cours d'érosion ; le déracinement des familles trouble aussi bien le sens moral que le sens de l'identité[91].

Un tel constat a, en effet, le mérite de synthétiser les vraies questions qui se posent encore à la mission d'évangélisation de l'Église qui est en Afrique. De là à saluer le réalisme du document préparatoire comme une démarche courageuse qui a pris la mesure des défis à relever et qui, par la même occasion, voudrait aider à éviter les erreurs du passé par une réflexion commune de l'Église universelle sur les réponses à apporter. Jean-Paul II l'a fait. À sa suite Benoit XVI le fait. Dans son sillage, beaucoup de théologiens et de penseurs chrétiens (en particulier africains) le font. Cette réflexion se situe donc dans le prolongement des idées que suggère la logique propositionnelle qui scrute des horizons divers sur la mission évangélisatrice de l'Église qui est en Afrique.

## 2. Évangélisation et communication sociale

L'évangélisation, dans ce qu'elle suppose d'humain, c'est-à-dire de langage au sens d'une médiation culturelle et symbolique, est pour beaucoup une entreprise de communication. Si elle tient à signifier, cela implique de s'appuyer sur des « stratégies » qui aident à sortir du mimétisme communicationnel pour mettre en relief la particularité de l'individu ou du groupe auquel on s'adresse, ainsi que les éléments pertinents du contexte susceptibles

---

[91] Synode des évêques, *L'Église en Afrique et sa mission évangélisatrice vers l'an 2000. "Vous serez mes témoins" (Ac. 1, 8)*, *Instrumentum Laboris*, Cité du Vatican, 1993, p. 23.

d'aider à susciter l'adhésion au message annoncé. En clair, si l'Évangile est une Bonne Nouvelle, en ceci que son message est transfigurant et amène à un mieux-être humain au sens de la foi, telle qu'elle est accueillie et vécue par l'Église, il faut trouver le moyen de l'annoncer pour qu'il puisse être accueilli par des gens qui, a priori, ne sont pas demandeurs ! Or pour qu'il y ait adhésion, il faut d'abord une proclamation, avec ce que cela suppose de médiation humaine. En d'autres termes, il s'agit pour l'évangélisateur de savoir semer la graine sur une bonne terre.

Parlant de ceux qui ne connaissent pas le Christ et à qui on doit l'annoncer, saint Paul note dans sa lettre aux Romains : « comment l'invoqueraient-ils, sans avoir cru en lui ? Et comment croiraient-ils en lui, sans l'avoir entendu ? Et comment l'entendraient-ils, si personne ne le proclame ? Et comment le proclamer, sans être envoyé ? » (Rom. 10, 14-15). Être envoyé pour parler aux hommes « des choses à la fois de la terre et du ciel » est un exercice complexe, parce que les hommes sont complexes. 2000 ans d'histoire du christianisme n'ont pas suffi à faire adhérer tous les hommes à la foi chrétienne. Pour créer au moins un contact dialogal[92] et espérer le maintenir, il faut apprendre à leur parler de Jésus et de son mystère d'amour pour le monde. C'est le devoir qui incombe à l'Église qui, de par sa nature de missionnaire, est communicatrice. C'est dans cette logique que Jean-Paul II disait que « chaque vie est un cheminement constant vers la maturité qui exige une formation continue. C'est de plus une exigence du ministère sacerdotal, si on le considère dans sa nature générale commune aux autres professions comme service aux autres. Aujourd'hui, il n'y a pas de profession, d'engagement ou de travail qui ne demande une mise à jour

[92] Pour Guy Lochard et Henry Boyer, on parle de communication « dialogal si le destinateur et le destinataire sont en situation d'échange immédiat (conversation face à face ou au téléphone) ou différé (correspondance épistolaire) ». Voir Guy Lochard et Henry Boyer, *op.cit.*

continuelle pour demeurer efficace[93] ». On remarquera dans cette citation que Jean-Paul II emploie le terme « efficace » même si ce à quoi il fait allusion a une finalité spirituelle. C'est le signe clairement exprimé que le pape comprend que le ministère sacerdotal et la mission d'évangélisation qui lui est attachée ont besoin d'outils à la fois divins et humains.

Il reste vrai que l'Évangile, bien qu'écrit dans un contexte, avec ce que cela comporte de particularités, offre un message de salut qui n'appartient à aucune culture, parce que Parole de Dieu. Il s'adresse plutôt à tous les hommes et à toutes les cultures qu'il veut porter à leur accomplissement. C'est en cela que l'Évangile du Christ a une portée universelle et que l'Église qui en est le témoin pour tous les peuples est universelle.

Mais il est bien évident qu'il ne saurait exister d'hommes universels. Il existe des hommes en situation anthropologique qui se laissent interpeller et saisir par un message incarné qui se veut Bonne Nouvelle pour eux.

Au fond, toute la question qui se pose en filigrane de cette réflexion est l'approche globale de l'annonce de l'Évangile à des gens supposés préalablement « païens », donc différents de ce qu'on peut a priori attendre d'un chrétien. Que veut-on réellement faire d'eux ? Des Chrétiens ? Et que veut dire être chrétien ? Suffit-il d'être baptisé pour être un « bon chrétien » ?

Si devenir chrétien signifie devenir disciple du Christ par l'accueil de sa parole, alors celle-ci doit provoquer dans l'existence de celui qui l'accueille un style de vie qui dit explicitement ce à quoi il a adhéré. L'adhésion à l'Évangile devient foi en Jésus-Christ sous l'action de l'Esprit Saint à

---

[93] Jean-Paul II, *Je vous donnerai des pasteurs. Exhortation apostolique sur la formation des prêtres dans les circonstances actuelles*, Paris, Cerf, 1992, p. 191.

partir du moment où celui qui adhère à la Parole fait l'expérience de sa petitesse devant le grand mystère d'Amour proclamé et se laisse porter par ce souffle vivifiant qui lui parle de l'intérieur. Cette attitude d'accueil doit se comprendre dans le sens où « la foi n'est pas seulement une démarche de la conscience. Elle est la mise en œuvre, dans l'effectivité du vécu, de cette économie même qui est reconnue et acceptée. Elle connote donc indissolublement des formes spécifiques de conscience, un contenu objectif, reconnaissable en ses expressions et transmissibles, et l'opérativité spécifique de l'ordre de réalité qui correspond à ce contenu[94] ». Une telle entreprise transcende le simple mimétisme et s'accommode mal des superficialités, car, comme le dit Olivier Clément, « l'existence chrétienne présuppose, à ses étapes majeures, en définitive à chaque instant, une « pâque », une métamorphose peu à peu réalisée de tout notre être[95] » qui signifie notre appartenance définitive au Christ.

C'est de l'adhésion au mystère pascal proclamé que découle en réalité une forme de vie qui exprime dans la diversité des situations ce à quoi l'on a adhéré. Or, annoncer, proclamer, c'est-à-dire *faire savoir*, *porter à la connaissance de* ou même *communiquer*, suppose des implications qui nécessitent non seulement la valeur même du message à annoncer, mais aussi les conditions de signification du message en question pour ceux à qui il est adressé dans leur histoire et son mouvement. D'où viennent-ils ? Où vont-ils ? Comment vivent-ils ? Quelles sont leurs valeurs ? Quel sens ont-ils du transcendant et de l'Autre ? Autant de questions qu'il me semble difficile de passer sous silence pour sauter à pieds et mains joints sur l'autel de la messe en araméen

---

[94] Jean Ladrière, *L'articulation du sens. Discours scientifique et parole de foi*, Paris, Les éditions du Cerf, 1984, p. II.
[95] Olivier Clément, *Questions sur l'homme*, Paris, Stock, 1972, p. 15.

célébrée en plein cœur de la forêt tropicale chez des Pygmées, sous prétexte que ce type de messe (qui par ailleurs est un patrimoine de l'Église) élève leur âme vers Dieu et les rapproche du Christ.

Les pédagogues de la fin du XIXe siècle ont bien compris que dans l'acte humain d'éduquer, l'apprenant est pensé comme devant être au cœur de la démarche. C'est à partir de lui, de ce qu'il est et de ce qu'il sait déjà qu'il faut construire le savoir pour faire de lui un vrai partenaire de sa propre formation. Pour apprendre le latin à John, disait-on, il faut non seulement connaître le latin, mais il faut également connaitre John.

À partir de là, à la (re)lecture du document pré-synodal, deux attitudes au moins se dégagent. Je les développerai sous deux sous-titres différents : évangélisation et cultures africaines, et évangélisation et société en mutation.

### *2.1. Évangélisation et cultures africaines*

Il s'agit dans un premier temps, en prenant en compte l'une des inquiétudes du document pré-synodal, de repositionner les cultures africaines comme interlocutrices de l'évangélisation. La démarche ici ne se veut nullement revendicatrice à la façon des pseudo-spécialistes de l'inculturation. Elle se veut plutôt une réflexion humblement propositive sur une question d'Église. Comme le disait le pape Paul VI aux évêques africains dans son homélie le 31 juillet 1969 : « L'expression, c'est-à-dire le langage, la façon de manifester l'unique foi, peut être multiple et par conséquent originale, conforme à la langue, au style, au tempérament, au génie, à la culture de qui professe cette unique foi. Sous cet aspect, un pluralisme est légitime, même souhaitable. Une adaptation de la vie chrétienne dans les domaines pastoral, rituel, didactique et aussi spirituel est non seulement possible, mais est favorisée par l'Église. C'est ce qu'exprime, par exemple, la réforme liturgique. En ce sens, vous pouvez et vous devez avoir un christianisme africain. Oui, vous avez des valeurs humaines et des formes caractéristiques de culture qui peuvent s'élever à une perfection propre, aptes à trouver dans le christianisme et par le christianisme une plénitude supérieure originale, et donc capables d'avoir une richesse d'expression propre, vraiment africaine. Il y faudra peut-être du temps. Il faudra que votre âme africaine soit imprégnée profondément des charismes secrets du christianisme, afin que ceux-ci se répandent ensuite librement, en beauté et en sagesse, à la manière africaine[96] ».

Après avoir écouté et lu ces propos de Paul VI (et ceux de ses successeurs sur le même sujet) on ne peut tout de même pas le soupçonner de chercher à se faire bonne conscience face aux accusations selon lesquelles Rome refuserait aux Africains « d'africaniser » leur Église. C'est en réalité toute l'âme du pasteur averti, réaliste et porté par l'esprit du Concile Vatican II qui vibre dans ce passage. Les Africains, comme tous les peuples, ont le droit, bien plus le devoir de répondre à l'Amour de Dieu autrement qu'en mimant les autres. L'évêque d'Osaka au Japon ne disait pas autre chose à propos des Asiatiques lorsqu'il affirmait au synode de l'Asie en 1998 que « le peuple asiatique, sous des influences européennes et américaines, a appris à annoncer l'Évangile d'une manière logique et intellectuelle. Mais, dans son cœur, l'asiatique accorde une grande influence au corps, à la vie, à ce qui est pratique, aux symboles et aux expressions ontologiques. À partir de maintenant, tenons-en compte dans nos discours sur la foi ou l'évangélisation de la société ; afin

---

[96] Paul VI, *Homélie*, http://www.vatican.va/holy_father/paul_vi/homilies/1969/documents/hf_p-vi_hom_19690731_fr.html (12-1-2012).

d'atteindre vraiment le cœur du christianisme, nous devons employer les manières asiatiques de s'exprimer si nous voulons vraiment maintenir l'intégrité de notre message quand nous accomplissions notre devoir de proclamer le Royaume de Dieu[97] ».

En clair, et pour ce qui nous concerne, contrairement à l'Occident, la réalité sociale africaine, avec ses revers et ses contradictions internes, est très portée sur la collectivité, le groupe, la communauté comme valeur fondamentale. On ne devient quelqu'un que par rapport aux liens qui nous unissent aux autres, liens avec la famille, avec l'au-delà, avec les ancêtres qui continuent de veiller sur les vivants. On ne peut donc réellement atteindre les individus et les comprendre que par une prise en compte sérieuse des valeurs collectives et des modes de vie qui sont, par définition, communautaires. Cela nécessite pour l'Église qui est en Afrique une continuelle immersion culturelle. Il s'agit tout simplement de mettre en relief le fait que l'acculturation est une nécessité missionnaire qu'il s'agit de ne pas négliger, s'il est vrai que le message du Christ, dont nous sommes les messagers, est une Bonne Nouvelle adressée à tous les hommes.

Mais ici, les choses méritent d'être clarifiées : en Afrique, la perspective même de la formation des agents pastoraux en général, et des prêtres en particulier, est confrontée à la redoutable question de l'inculturation qui, en certains endroits, a du mal à se clarifier. Cela se voit surtout dans le fait que les espaces consacrés à l'étude des cultures africaines ne sont pas tout à fait évidents dans les programmes des centres de formation. On se préoccupe peu, par exemple, de savoir si les séminaristes (pour ce qui est des séminaires) parlent au moins une langue locale (comme support de la

[97] Mgr Ikenago, cité par Pierre Babin et Angela Ann Zukowski, *Médias, chance pour l'évangile*, Paris, Editions P. Lethielleux, 2000, pp. 169-170.

culture), ni s'ils sont initiés aux langages culturels du contexte de leur future mission. Il n'appartient peut-être pas au séminaire de faire apprendre leur langue aux séminaristes. Mais il lui appartient de former des prêtres qui doivent répondre à une mission qui exige une contextualisation sur le plan culturel, en particulier. Il existe certes des séminaires qui ont pris de l'avance sur la question. Mais il est clair qu'une telle question ne peut pas continuer de demeurer facultative, parce que ce qui est en jeu objectivement, c'est, comme l'affirme Jean-Marc Ela, de pouvoir « rejoindre l'homme africain dans ses lieux d'invention » pour une rencontre plus authentique avec l'Évangile du Christ.

Autant l'expérience prouve que les prêtres africains assimilent assez bien la pensée théologique telle que proposée par des théologiens occidentaux (comme un patrimoine de l'Église universelle qu'il s'agit de ne pas remettre en cause) dont ils deviennent, par la suite, des disciples, autant il est prouvé que beaucoup d'entre eux (nous, je dirais) ne sont pas au fait de leur culture d'appartenance et ne se donnent pas les moyens de se mettre à jour. Un tel paradoxe n'est pas de nature à rassurer ceux qui attendent de voir la pertinence de certains discours africains sur l'inculturation, un concept à la fois fédérateur et difficile à cerner.

Dans ce sens, il est presqu'impossible pour certains d'entre nous de ne pas avoir une position à la fois réaliste et critique face à la revendication d'une Église inculturée. Oui à une inculturation portée par des personnes elles-mêmes ouvertes sur leur culture. Mais non à la revendication idéologique et réactionnaire de l'inculturation (qui s'alimente de théories anti néocoloniales) promue par quelques théologiens et prêtres africains par ailleurs trop « universels ».

Ce qui est posé ici en filigrane comme problème, c'est la pertinence des moyens humains de l'évangélisation qu'il faut considérer avant tout comme un processus de rencontre interhumaine dont Dieu a l'initiative et dans lequel il prend place comme sujet agissant aux côtés de ses missionnaires humains. Un Dieu qui aime et respecte ceux qu'il veut faire renaitre dans son Fils Jésus-Christ.

Dans cette logique, ce n'est pas faux de dire qu'il s'avère difficile, voire impossible, en termes humains, d'évangéliser une culture qu'on ignore. Sinon, l'évangélisation deviendrait une sorte de braderie. Dans ce cas, deux attitudes apparaitraient comme conséquentes : ou bien on fait du placage en niant les modes de vie de ceux qu'on évangélise, ce qui revient à mépriser leur histoire particulière et à leur greffer un Dieu qui vient d'un ailleurs, d'un extérieur inconnu, donc sans réelle incidence sur leur choix de vie, ou bien on en vient tout simplement à considérer l'Évangile du Christ comme un condensé de « ce qui est faisable » et de ce qui ne l'est pas, dans les termes du décalogue.

Par ailleurs, ignorer une culture qu'on évangélise revient à nier le sens même de l'incarnation en la rabaissant au rang de fait divers. Il s'agit là d'une vraie démarche d'*incommunication*, ce qui revient, du coup, à promouvoir l'*incommunion* avec ceux à qui on annonce le Christ. La communion, en effet, n'advient que dans une diversité reconnue et acceptée, dans ce que certains appellent la multiculturalité. Et si l'évangélisation doit préparer à un cœur à cœur avec Dieu, c'est-à-dire à une communion, et libérer des énergies qui portent les cultures à leur accomplissement, ce sera bien dans ce cadre-là, où chacun est d'abord reconnu dans ce qu'il est comme créature de Dieu, avant d'être, ensuite, appelé à se déposséder de lui-même, de ses certitudes et de ses préjugés, pour se remplir de la présence aimante et vivifiante de Dieu. En d'autres termes, « en Christ, dans l'Esprit Saint, dans l'Église maison du Père, le baptisé redevient image de Dieu tendue vers la ressemblance, c'est-à-dire vers la participation. Il peut alors commencer à actualiser la grande initiation baptismale, qui est de mourir et de descendre en enfer avec le Christ pour naître en lui à une vie nouvelle, fécondée par l'éternité. Il peut alors tenter de mourir à sa propre mort, c'est-à-dire à son néant, ce néant auquel sa liberté fourvoyée confère une existence paradoxale. C'est-à-dire de mourir à l'amour sadique, à la relation maître-esclave, au désespoir fardé d'orgueil, pour renaître dans l'espace infini du Corps du Christ où souffle l'Esprit, où nous sommes "membres des uns des autres", où chaque visage s'illumine de l'intérieur dans une Pentecôte perpétuée[98] ». Tout cela suppose que l'évangélisation ne consiste pas seulement, comme l'indiquait Paul VI dans *Evangelii Nutiandi*, à « prêcher l'Évangile dans des tranches géographiques toujours plus vastes ou à des populations toujours plus massives, mais aussi d'atteindre et comme de bouleverser par la force de l'Évangile les critères de jugement, les valeurs déterminantes, les points d'intérêt, les lignes de pensée, les sources inspiratrices et les modèles de vie de l'humanité, qui sont en contraste avec la Parole de Dieu et le dessein du salut[99] ». De fait, poursuit le pape, « il importe d'évangéliser – non pas de façon décorative, comme par un vernis superficiel, mais de façon vitale, en profondeur et jusque dans leurs racines – la culture et les cultures de l'homme, dans le sens riche et large que ces termes ont dans *Gaudium et spes*, partant toujours de la personne et revenant toujours aux rapports des personnes entre elles et avec Dieu[100] ». Voilà qui indique la route à suivre.

En clair, pour Paul VI, « l'Évangile, et donc l'évangélisation, ne s'identifient certes pas avec la culture, et

---

[98] Olivier Clément, *op. cit.*, p. 15.
[99] Paul VI, *Evangelii Nutiandi . Exhortation Apostolique sur l'évangélisation dans le monde moderne*, http://www.vatican.va/holy_father/paul_vi/apost_exhortations/documents/hf_p-vi_exh_19751208_evangelii-nuntiandi_fr.html
[100] *Ibid.*

sont indépendants à l'égard de toutes les cultures. Pourtant le Règne que l'Évangile annonce est vécu par des hommes profondément liés à une culture, et la construction du Royaume ne peut pas ne pas emprunter des éléments de la culture et des cultures humaines. Indépendants à l'égard des cultures, Évangile et évangélisation ne sont pas nécessairement incompatibles avec elles, mais capables de les imprégner toutes sans s'asservir à aucune. La rupture entre Évangile et culture est sans doute le drame de notre époque, comme ce fut aussi celui d'autres époques. Aussi faut-il faire tous les efforts en vue d'une généreuse évangélisation de la culture, plus exactement des cultures. Elles doivent être régénérées par l'impact de la Bonne Nouvelle. Mais cet impact ne se produira pas si la Bonne Nouvelle n'est pas proclamée[101] ».

Faire des cultures africaines des interlocutrices de l'Évangile du Christ nécessite d'apprendre à penser en dehors de toute revendication idéologique, comme je l'ai déjà souligné. Il s'agit donc de le faire sans prétention, sans arrogance, mais avec la conviction que l'incarnation fut elle-même culturelle, comme le disait Jean-Paul II. Il s'agit pour nous de faire des propositions crédibles sur les questions fondamentales et les perspectives d'avenir de l'Église qui est en Afrique. **C'est un travail d'Église qui doit s'insérer dans un projet médité, prié et porté par toute l'Église universelle, soucieuse d'une évangélisation audacieuse.** Apprendre à penser dans ce contexte revient à construire une cohérence de départ : se mettre déjà d'accord sur le visage, peut-être encore flou certes, mais indispensable de l'Église que les agents pastoraux africains souhaitent pour leur continent. Évidemment, il s'agit de le faire en pleine communion avec l'Église universelle qui se doit de comprendre les appels de l'Esprit et d'accompagner courageusement le Christ dans son désir d'incarnation en

[101] *Ibid.*

Afrique. D'où l'intérêt des synodes de 1994 et de 2011. Il s'agit là de signes évidents de cette disponibilité de l'Église universelle à nous accompagner. À nous de jouer donc !

Dans cette logique, on ne peut sans doute pas passer sous silence la chance qui est celle de l'Église qui est en Afrique : elle dispose désormais d'un clergé local, issu de ses diverses communautés, et dont le rôle de médiation culturelle doit être suscité et soutenu, parce qu'il reste incontournable. Le 7 mai 1980 à Nairobi, Jean-Paul II ne disait pas autre chose lorsqu'il déclarait aux évêques africains : « En respectant, en préservant et en favorisant les valeurs propres et les richesses de l'héritage culturel de votre peuple, vous serez en état de le guider vers une meilleure compréhension du mystère du Christ qui doit être vécu dans des expériences nobles, concrètes et quotidiennes de la vie africaine… La question est de porter le Christ au cœur même de la vie africaine et d'élever la vie africaine tout entière jusqu'au Christ. Ainsi, non seulement le christianisme est important pour l'Afrique, mais le Christ lui-même, dans les membres de son corps, est africain[102] ».

En d'autres termes, la dimension universelle de l'Évangile qui est adressé à tous les hommes et à tous les peuples réside dans sa capacité à porter chaque homme et chaque peuple à son accomplissement, non pas dans la remise en cause systématique de ses pratiques humaines, mais dans la transfiguration de celles-ci : « Je ne suis pas venu abolir, mais accomplir », nous dit Jésus (Mat. 5, 17). Une telle démarche est un acte de respect de chaque homme et de chaque peuple appelé à la vie en Dieu et avec Dieu. C'est dans cette dynamique que la rencontre avec le Christ peut devenir « commune-union ».

À partir de là, il est possible, comme un des nombreux chemins qui s'offrent à nous, de repenser l'évangélisation en

---

[102] Jean-Paul II, « Discours aux évêques du Kenya, 7 mai 1980 », in Documentation Catholique n° 1787, 1980, pp. 532-535.

termes communicationnels, c'est-à-dire comme **Rencontre interhumaine dont Dieu a l'initiative et dans laquelle il prend place comme sujet agissant**.

Il nous faut alors initier un processus de conscientisation qui sort l'évangélisation d'une pure routine ritualiste pour la placer dans une perspective plus large qui, non seulement scrute des horizons divins, mais qui sache également aller à la rencontre de l'homme dans les circonstances particulières de sa vie. Entre les missions d'évangélisation des siècles passés qui donnèrent naissance à l'Église qui est en Afrique et le devenir imprescriptible de celle-ci, le clergé autochtone africain d'aujourd'hui se doit d'apprendre à interroger et à décliner le concept d'évangélisation, et, ainsi, de pouvoir apporter sa contribution en permettant à l'Évangile de signifier Bonne Nouvelle pour les Africains de ce temps. Le travail est déjà commencé en quelques lieux sur le continent, *Deo Gratias* ! Il doit se poursuivre, absolument !

### *2.2. Évangélisation et sociétés en mutation*

Je souhaite aborder maintenant la deuxième attitude face au constat que fait l'*Intrumentum laboris* du synode sur *l'Église et sa mission évangélisatrice en Afrique*. Celle-ci doit consister en une lecture sérieuse et responsable des mutations en cours dont personne ne peut prédire jusqu'où elles iront, ni ne doit minimiser leur impact sur les modes de vie et la sociabilité.

Désormais, l'urbanisation progresse en Afrique et, avec elle, ce qu'il est convenu d'appeler la modernité. Et être moderne, ça compte en Afrique ! Quel sens donnons-nous au processus en cours ? Comment les Africains se perçoivent-ils en réalité aujourd'hui ? Pourquoi et comment, dans certaines régions, des valeurs qui ont toujours structuré des communautés ont-elles été remplacées par celles véhiculées par les médias et les figures des stars (de la télé, du cinéma, etc.), avec ce que cela comporte souvent de regard erroné sur la réalité du monde ? Autant de questions, et bien d'autres, qu'il est impossible de passer sous silence, parce qu'il y va de l'annonce et de l'accueil de la Bonne Nouvelle de l'Évangile sur le continent africain.

De tout cela découle ce qui peut être considéré comme des « questions-boussoles » : quelle Afrique doit-on évangéliser et comment doit-on l'évangéliser ? Est-ce l'Afrique des campagnes, en supposant qu'elle soit préservée de toute mutation, ou celle des villes, qui n'a d'Afrique que le nom ? Certains répondront qu'il n'y a pas de choix à faire. Et ils n'auront pas tort. Mais la question reste entière. Qui évangéliser et comment le faire ? Car, au fond, le syncrétisme, la recherche du salut dans les nouveaux courants religieux et le recours aux sectes, le culte de l'argent et le renversement des valeurs, l'explosion de la famille, tout cela gagne du terrain, non seulement dans l'Afrique des villes, mais aussi dans celle des campagnes. Pas seulement dans des communautés païennes, mais également dans celles qui sont en chrétienneté, comme c'est le cas dans ces régions d'Afrique dites évangélisées et qui continuent d'être le théâtre des pires horreurs que l'Afrique se soit infligée. À quoi a bien servi l'évangélisation dans un contexte où évangélisés et non-évangélisés rivalisent de violence et de barbarie ? L'évangile n'y est évidemment pour rien lorsque des chrétiens décident librement et de façon tragique de renoncer aux exigences de l'Amour auquel ils ont pourtant adhéré autrefois. Il s'agit alors pour nous d'être attentifs au mouvement en cours pour le comprendre afin de savoir lui répondre en lui proposant l'évangile du Christ comme réponse à une mutation désynchronisée et pour cela dangereuse.

C'est ici que le rôle des instituts catholiques de recherche doit être valorisé pour répondre à une vraie attente au niveau pastoral. Il s'agit de comprendre par tous les moyens que « les sociétés africaines ont leur historicité propre. Elles portent en elles la marque, difficile à méconnaître, de l'événement [...]. C'est ce dynamisme qui doit être mis à jour. Car, il ne suffit pas de savoir ce que sont ces sociétés ; il faut analyser ce qu'elles deviennent dans la mesure où pour se « maintenir », elles sont sans cesse en train de « se faire » [...] [103] ».

Certes l'Afrique est un continent, et la situation des divers peuples qui la composent varie d'une région à l'autre. Mais si l'Évangile est une Bonne Nouvelle adressée à tous les peuples de la terre, chaque peuple dans sa situation existentielle doit pouvoir en éprouver le caractère innovant et transfigurant, ce qui suppose qu'il lui parvienne par la prise en compte de sa réalité spécifique.

Le vrai maître de l'évangélisation demeure sans aucune ambiguïté l'Esprit Saint. Si cet Esprit associe de pauvres hommes à sa mission, c'est d'abord parce qu'il leur fait confiance et veut pouvoir compter sur leur médiation humaine. Or, toute médiation de ce type suppose avant tout la prise en compte des questions purement humaines, compte tenu de la complexité même de l'homme, à la fois culturel, religieux, économique, social et politique. C'est pourquoi, faire fi d'une telle réalité en prétextant que rien n'est impossible à l'Esprit de Dieu, ce qui est bien évidemment une vérité de la foi chrétienne pour tout vrai missionnaire, c'est, en fait, se fermer aux appels de ce même Esprit Saint. C'est également renoncer à s'étonner du fait que, devant des choix existentiels, des « convertis » basculent du côté des modes de vie dont certains sont en réalité contraires à l'Évangile.

Cette perspective de réflexion se veut à la fois idéaliste (sachant bien que dans idéalisme il y a idée, et Dieu seul sait si nous avons besoin d'échanger nos idées, de « dia-loguer » dans la confiance comme pasteurs et universitaires sur la question de l'évangélisation en l'Afrique) et réaliste. Je suis

---

[103] Jean-Marc Ela, *Restituer l'histoire aux sociétés africaines*, Paris, L'Harmattan, 1994, p. 82.

donc conscient qu'il puisse exister des difficultés inhérentes à la question de l'évangélisation. Il faut donc savoir rester humble. La question culturelle que je viens d'évoquer longuement demeure certes décisive, mais elle ne règle pas tous les problèmes liés l'évangélisation. Le point qui va suivre peut donc constituer une sorte de critique du modèle orchestral de la communication que j'ai privilégié dès le départ dans mon analyse de l'évangélisation comme processus communicationnel.

### 3. Communication et Révélation

Ce point fait une relecture d'un article de Guy Lafon[104] qui nous invite, dans une approche communicationnelle, à réfléchir sur la Révélation comme matrice de l'évangélisation et à nous poser la question de savoir comment nous devons la percevoir, en tant qu'« envoyés ». Pour lui, une telle démarche met en relief trois types de difficultés que nous devons avoir à l'esprit : les difficultés d'ordre logique et religieux, celles portant sur le contenu de la Révélation et celles d'ordre historique et culturel.

**Le premier type de difficultés** est lié à la question du langage et de la parole en tant que mode et moyen d'expression et d'interaction sociale. Le langage et la parole n'ont de sens que parce qu'ils s'expriment dans un contexte social donné. Un contexte est caractérisé par un environnement, des normes, des valeurs, des pratiques, des règles, des types de relations qui permettent de construire un sens pour les acteurs du contexte en question. Une telle logique est susceptible de poser problème pour la compréhension et l'expression humaine du donné révélé qui se veut une initiative divine. Il y aurait donc un risque à dire Dieu avec notre langage et nos paroles sans le ramener à nos

---

[104] Guy Lafon, « Communication et Révélation », in *Lumen Vitae*, n°2, 1981, pp. 135-137.

catégories de pensée sociales, manifestement contextuelles et donc partielles et limitées.

**Le deuxième type de difficultés** provient du fait que la Révélation exprime une volonté d'amour et de communion rendues visibles dans le Verbe fait chair, Jésus-Christ. La grandeur d'un tel mystère transcende l'expression humaine dans ce qu'elle a de logique, de syntaxe et de lexique, et ne saurait s'exprimer non plus en se pliant à leur structure et à leur mode de signifier. Dieu ne parle pas aux hommes en usant forcément des méthodes communicationnelles humaines, parce que la Révélation procède non d'un mérite humain, mais d'une démarche gratuite de bonté divine. La communication avec Dieu, ou sur le donné révélé, est toujours à construire et à renouveler dans des contextes qui sont, eux aussi, constamment renouvelés par des hommes qui changent, l'environnement qui prend d'autres couleurs, etc. La Révélation est une nouveauté continue qui s'accommode mal du statu quo et des règles figées. Dieu est maître de la création et sa fonction créatrice est toujours à l'œuvre. Cette œuvre pour l'homme n'est cependant pas à découvrir, mais à inventer avec lui.

**Le troisième type de difficultés** est en lien avec la façon dont les hommes ont assumé leur histoire en cherchant à interpréter la Révélation à diverses époques. Si la transposition des structures de la communication sociale en Dieu (agnosticisme) et la conception de Dieu sous des traits humains (anthropomorphisme) ont eu droit de cité de ce point de vue, on ne peut pas, non plus, ignorer les difficultés rencontrées par la tradition de l'Église au cours des siècles pour rendre intelligible la Révélation. Il s'agit ici d'affirmer comment les diverses caractéristiques de chaque époque influencent la signification du donné révélé.

Ces trois types de difficultés, hier comme aujourd'hui, loin d'être une monstrueuse fatalité, ni même forcément une grâce, permettent de donner vie au christianisme par un effort de compréhension toujours à l'œuvre et toujours renouvelé. C'est dans ce sens que, même si le langage et la parole sont un mode et un moyen d'expression humains, il n'est cependant pas possible de renoncer à l'idée d'une Révélation divine, dans la mesure où, dans l'histoire humaine, certains hommes religieux ont toujours conçu la communication sociale comme « un fait religieux ». Le fait donc que des hommes se parlent et interagissent transcende le seul désir d'être ensemble pour prendre tout son sens dans le rapport que Dieu construit avec l'humanité et la façon dont il s'auto-communique à elle. C'est ainsi que l'histoire du Peuple d'Israël enseigne et transmet comme foi que la « société historique » est « parole de Dieu », moyen par lequel Celui-ci se lie à l'humanité. De ce point de vue, la Révélation est non seulement un fait de la société et de l'histoire humaines en tant que prenant place en leur sein mais, plus encore, « elle est la foi en la portée religieuse de ce fait » et ce, indissolublement. Ceci n'est vrai qu'à condition qu'il y ait dans l'histoire et la société « la profession de foi des hommes religieux ». Or, il se trouve ici que cette profession de foi continue devra s'exprimer dans un type de langage humain pour signifier et interpréter ainsi la Révélation. Mais cette dernière n'est pas, non plus, interprétable en dehors du sens même de la communication sociale, comme rapport qui nous fait exister les uns pour les autres et les uns avec les autres. Cela dévoile la précarité de notre condition à laquelle, dans le même temps, les « énoncés religieux » offrent une espérance qui exprime clairement que le dernier mot n'appartient pas à la finitude et aux limites humaines, mais que, de façon gratuite et dans son amour infini, Dieu offre le salut à l'homme marqué par le péché.

La révélation apparaît ainsi finalement comme un message de finitude et d'infinitude « de Dieu et de la défaite de la mort : tel est son double et unique objet ».

Du coup, elle nous pousse à entrevoir la communication comme un échange où les rapports s'inventent continuellement, soumis ainsi à la loi du toujours renouvelé et du toujours renouvelable dans une création au sein de laquelle l'Esprit de Dieu est toujours à l'œuvre (comme un combat contre la mort). Ainsi, à travers la Révélation, la communication humaine (qui est le support de la communication de la foi) devient « Dieu avec nous », Dieu au milieu de nous. Par la Révélation, l'espérance exprime le triomphe de Dieu sur la mort et proclame l'éternité de l'homme. Par la Révélation, l'homme se reconnaît comme image du Père dans le Fils et apprend à découvrir son visage et celui de Dieu dans le visage de son frère.

# Conclusion partielle

Peut-on vraiment conclure la question de l'universel et du particulier ? Oui et non ! Oui, parce qu'il s'agissait, dans une démarche transdisciplinaire, de proposer des pistes de réflexion. Ce qui me semble être fait. Non, parce qu'il s'agit d'un débat plus actuel que jamais dans le contexte du monde global et du village planétaire. La question de l'universel et du particulier renvoie, en fin de compte, à l'idée d'Homme qui est défendue dans chaque contexte particulier.

Sur le plan historique, l'universalisme, tel qu'il est perçu, commence avec le processus de mondialisation qu'Edgar Morin situe « à la fin du XVe siècle avec la conquête des Amériques et la circumnavigation de Vasco de Gama[105] ». Dans cette logique, on pourrait le définir comme un ethnocentrisme qui a dégénéré en occidentalisation du monde depuis la fin du XVe siècle. Le grand mythe providentiel occidental du Progrès qui envahit la planète entière dans la seconde moitié du XXe siècle procèderait de cette même idée universaliste.

Ce processus n'a pourtant pas été sans conséquences. Il a produit paradoxalement ce qu'Edgar Morin appelle les poly-crises dans lesquelles les sociétés traditionnelles tendent à se désintégrer sous le poids de l'occidentalisation, où la mondialisation provoque un repli identitaire, où les religions « sont plus que jamais incapables d'assumer leurs principes de fraternité universelle », où

---

[105] Edgar Morin, *La Voie. Pour l'avenir de l'humanité*, Paris, Fayard, 2011.

l'intolérance grandit et l'autre est désigné comme responsable de ce qui ne va pas dans la société. Une telle réalité nous oblige, chacun à son niveau et au niveau communautaire, à repenser le sens de nos actes et de nos comportements, pour mieux rentrer en « dia-logue » avec les autres, si nous voulons travailler à la cohabitation humaine.

Dans cette logique, la prétention universaliste de chaque homme et de chaque peuple doit se débarrasser de ses utopies pour devenir un « horizon d'entente entre deux particuliers ; on ne l'atteindra peut-être jamais, mais on a néanmoins besoin de le postuler pour rendre intelligibles les particuliers existants[106] ». C'est ce que l'Afrique doit comprendre et intégrer si elle veut trouver et assumer « sa » place dans un monde devenu de plus en plus englobant et pour cela dénaturant.

En fin de compte, et sur le plan de la démarche évangélisatrice, c'est l'intelligibilité des particuliers existants qui rend possible un dia-logue évangélisateur susceptible de porter de vrais fruits. Autrement dit, sur le plan de la médiation humaine qui s'appuie sur des outils communicationnels et de symbolisation, la prétention universaliste de l'annonce de l'Évangile dans ses divers modes d'expression humaine est une utopie qui peut devenir dés-humanisante lorsque, sous prétexte d'annoncer l'Évangile, elle valorise une culture au détriment des autres. Seule demeure universel **l'Évangile** du Christ, ainsi que l'action de l'Esprit Saint dans la puissance créatrice de cet Évangile, lorsque celui-ci, en tant que Parole de Dieu, est annoncé humainement à des humains, accueilli et vécu, portant à leur plein accomplissement tous les modes de vie et toutes les cultures qui s'ouvrent à lui.

En dehors du rapport interculturel qui doit s'établir nécessairement entre l'évangélisateur et « l'évangélisant », il est un fait que l'universalité de **l'Évangile**, donc de la Parole du Christ

[106] Tzvetan Todorov, *op. cit.*, p. 34.

qui en est l'auteur, peut être étudiée[107] dans les limites de ses supports expressifs (il se joue là une question de sens général) qui font appel au temps des origines, au temps d'avant l'histoire, au temps mythique qui utilise abondamment les récits métaphoriques. Voilà pourquoi l'Évangile du Christ peut s'adresser à n'importe quelle culture, parce qu'il parle à l'essence même de l'Homme. En témoigne l'usage abondant des paraboles qui ont l'art de susciter des images mentales et d'impliquer, au-delà de leur culture, ceux à qui elles sont adressées. Les exemples, entre autres, des paraboles de l'enfant prodigue et du bon samaritain posent à la conscience humaine, non pas seulement la question des liens de sang qu'il s'agit de ne pas remettre en cause, mais également la question de la nécessité du lien de fraternité humaine (et universelle) avec ceux qui ne nous sont pas liés par le sang.

---

[107] Tel n'était pas directement le but de ma contribution.

# Conclusion générale

La démarche qui a été la nôtre ici s'est voulue sans prétention. La complexité du thème de l'universel et du particulier que nous avons abordé nous interdisait, chacun selon ses outils d'analyse, de surestimer nos points de vue et de leur conférer un caractère normatif. D'où la nécessité de saluer et d'encourager la démarche transdisciplinaire qui permet un regard croisé et une compréhension plus ouverte de l'objet en question.

Je me permets d'écrire ici que l'Ucao, notre université régionale, doit se donner les moyens de s'assumer en tant que lieu de débat par excellence et de construction des savoirs. Ici, je parle de cette catégorie de débats que Maria-Oltea Paunesco appelle des débats moins typés qui n'opposent pas le vrai et le faux, le pour et le contre, dans lesquels les débatteurs ne cherchent pas à trouver des réponses définitives aux questions qu'ils se posent, l'essentiel étant de rester ouverts sur un horizon qui admet une pluralité d'interprétations en tant qu' « occasion d'un dialogue où l'apport sémantique de chacun, à la fois différent et différenciateur, demeure subordonné à une finalité commune[108] » qu'est la quête de la vérité sur les objets d'analyse. En stimulant le rapprochement entre les différents

[108]Maria-Oltea Paunesco, *Le débat en question (s). Une analyse du débat culturel « le Masque et la Plume »*, Paris, L'Harmattan, 2006, p. 6.

champs disciplinaires qui existent en son sein, l'Ucao est sûre de bâtir une vraie unité et une dynamique scientifique au service de l'Afrique. C'est pourquoi, la théologie qui se trouve être sa colonne vertébrale ne doit pas se murer dans ses certitudes que, du reste, personne n'a la prétention ni le droit de remettre en cause. Ce qui intéresse le monde universitaire qui est le nôtre, dans un contexte où certaines idéologies promues par les moyens modernes de communication ont tendance à imposer leur regard sur le monde, souvent au mépris de l'homme et de sa dignité, et dans une Afrique au visage ensoleillé et au cœur si souvent meurtri qui suscite à la fois espérance et désenchantement, c'est la façon dont la théologie, comme lieu de savoir, détermine son champ d'action, construit sa cohérence et défend la pertinence de sa pensée. Comme le note Jean-Paul II, « les sciences nouvelles et les nouvelles découvertes soulèvent de nouveaux problèmes qui interpellent et sollicitent les disciplines sacrées. Il est donc nécessaire que les spécialistes des sciences sacrées, tout en accomplissant leur devoir fondamental qui est d'atteindre, par la recherche théologique, une connaissance plus profonde de la vérité révélée, favorisent les échanges avec les hommes, croyants ou non croyants, versés dans les autres sciences, et cherchent à bien voir la valeur et le sens de leurs affirmations et à en juger à la lumière de la vérité révélée. À partir de cette fréquentation assidue de la réalité, les théologiens sont aussi incités à rechercher la façon la plus adaptée pour communiquer la doctrine aux hommes de leur temps liés aux diverses cultures, car "autre chose est le dépôt lui-même de la foi, autrement dit les vérités contenues dans notre vénérable doctrine, autre chose la façon d'énoncer ces vérités, à condition toutefois d'en sauvegarder le sens et la signification". Tout cela sera d'une grande utilité pour que, dans le Peuple de Dieu, le culte religieux et la rectitude morale aillent toujours de pair avec le progrès de la science et de la technique et pour que, dans la pastorale, les fidèles soient conduits progressivement vers une vie de foi plus pure et plus mûre[109] ».

La contribution de Gaston Ogui sur le rapport entre l'universel et le particulier ne peut que nous rassurer par rapport à ce que nous sommes en droit d'attendre des théologiens africains qui, à lire Gaston, ne se contentent plus de décrire des objets et de demeurer à vie des disciples autoproclamés des « grands », mais des disciples qui, ayant bien intégré la pensée de leurs maîtres, leur font honneur en trouvant leur propre chemin. Autrement dit des théologiens qui « pensent ! » et qui donnent naissance à une pensée forte par un approfondissement de la connaissance de la Révélation chrétienne[110]. Cela exige, en tout cas pour les théologiens en particulier, non pas seulement de savoir manier les outils de la science, mais également d'avoir une grande intériorité, une profondeur, comme on l'observe avec fierté dans la contribution de Gaston Ogui.

Au moment où l'Afrique se trouve sollicitée de toutes parts par les nouvelles théories euphoriques de la mondialisation dont on dit qu'elle y a intérêt, et dont on ne dit pas assez ce qu'elle y perd, Gaston et moi sommes traversés par le même questionnement : **Comment l'Afrique peut-elle vivre aujourd'hui sa particularité sans se fermer aux autres et comment s'ouvrir aux autres sans perdre sa particularité ?**

Dans sa contribution, le « prêtre théologien christologue » pose, dès le départ, le principe fondamental autour duquel il bâtit son argumentation. La figure de Jésus de Nazareth est montrée comme la réalisation parfaite de la rencontre entre l'universel et le particulier. En effet, né juif, donc situé sur le triple plans humain, spirituel et géographique, le message de

[109] Jean-Paul II, *Sapientia Christiana. Constitution Apostolique, op. cit.*
[110] *Ibid.*

salut de Jésus, qui est une Bonne Nouvelle, transcende les frontières de ses origines et de son espace de vie pour rejoindre, non pas du dehors mais de l'intérieur, « tout homme dans sa particularité existentielle et culturelle ». De là découle pour chacun de nous, la nécessité d'un cœur à cœur avec le Christ qui ne vient pas pour juger ni détruire, mais pour accomplir la volonté du Père. Et cette volonté du Père, c'est que tous les hommes aient la vie et qu'ils l'aient en abondance (Jn. 10, 10).

Dans le Christ, l'homme créé à l'image de Dieu est porté à sa réalisation totale et s'ouvre aux autres qui, comme lui, sont le fruit de la grâce créatrice de Dieu. C'est de cette façon que, par exemple, la dimension tragique de la question ethnique peut être maîtrisée, que le dialogue interreligieux et interculturel peut être source de fraternité et de paix, et que le rapport aux autres peut se vivre en toute vérité, en termes de valorisation des particularités identitaires et sans aucun complexe.

À la suite de cette contribution, mon rôle à moi, « prêtre communicatologue », n'était pas de réfuter le principe de base de la démarche du « prêtre théologien ». J'ai souhaité seulement, avec des outils communicationnels qui intègrent les questions de culture et de symbolisation, m'interroger sur les « lieux d'invention » de l'homme pour faciliter la réception de « ce qui n'est pas lui ». Autrement dit, ma démarche a été d'observer, d'analyser et d'essayer de comprendre les conditions de réception permettant à l'homme de s'ouvrir aux autres. C'est ainsi que je soutiens que l'Afrique ne peut assumer sa place dans le XXIe siècle que si elle est consciente d'être située, donc de pouvoir apporter aux autres, et de comprendre que l'universel ne peut être revendiqué par aucun peuple, si ce n'est par pur ethnocentrisme, parce qu'il n'est situé nulle part. Il ne peut être et ne doit être qu'un horizon commun à tous les hommes et qui stimule des particuliers existants.

De là, j'ai décliné mon propos dans le processus d'évangélisation qui, selon moi, ne peut pas faire l'impasse sur des questions liées à la réception. L'Évangile est Parole de Dieu. C'est une vérité de la foi chrétienne. Mais une parole divine qui ne peut se passer du support humain pour s'adresser aux hommes. Tel est également le sens de l'incarnation. D'où la nécessaire particularité communicationnelle de toute démarche d'évangélisation. Seul demeure universel l'Évangile du Christ ainsi que l'action de l'Esprit Saint, au sens de provoquer le même « fiat » chez différentes personnes, lorsque l'Esprit suscite et soutient chez ceux à qui la Parole est annoncée par l'Église et qui l'accueillent, une réponse d'Amour au Verbe incarné, Jésus-Christ, l'auto-communication de Dieu aux hommes. Autrement dit, l'universalité de l'Église elle-même, comme témoin de cette universalité christique, qui se trouve être l'idéal parfait de la multiculturalité et de l'interculturalité, se déploie dans toute sa beauté dans la capacité de chaque peuple qui accueille la Parole, à offrir à Dieu dans le Christ, par lui, avec lui et en lui, son action de grâces[111]. C'est dans ce sens que Karl Rahner notait, il y a quelques années, que « pour l'homme des siècles futurs ce sera […] une chance indicible s'il existera encore un lieu, je veux dire l'Église, où il pourra conserver intégralement sa naturelle indépendance humaine. Ce sera un refuge sans prix […]. L'homme de demain considérera comme une bénédiction d'avoir encore à sa portée un lieu […] où il réussira à conserver dans son existence un peu de place où régnera – comme dans le bon

---

[111] Francis Barbey, *Et si Dieu aimait les Noirs ? Contre-enquête sur le racisme au Vatican*, Paris, Publibook, 2009, p. 74.

vieux temps – le facteur purement humain, […] sa dimension concrète d'homme[112] ».

F.B

[112] Karl Rahner, *Missione e grazia*, cité par Franco Lever, Fabio Pasqualetti et Valentin A. Presern, *Dai Loro frutti li riconoscerete*, Rome, LAS, 2011, p. 141.

# Bibliographie sélective

***Première partie***


BALTHASAR Hans Urs (von), *La théologique*, (édition française en 2 tomes), Paris, Culture et Vérité, 1994-1995.

BRITO Emilio, *Hegel et la tâche actuelle de la christologie,* trad. Th. DEJOND, Paris, Lethielleux, 1979.

DORE Joseph, « L'actualité de la christologie et l'apport des Églises d'Afrique » in *Christianisme et humanisme en Afrique. Mélange en hommage au cardinal Bernardin Gantin,* coll. « Mémoire d'Église », Paris, Karthala, 2003 127-139.

DUPUIS Jacques, *Vers une théologie chrétienne du pluralisme religieux,* coll. « CogitatioFidei » n° 200, Paris, Cerf, 1997

DUQUOC Christian, *Dieu partagé. Le doute et l'histoire*, Paris, Cerf, 2006.

FORTE Bruno, *L'Eternità nel tempo. Saggio di antropologia ed etica sacramentale,* Milano, Paolina, 1993.

GESCHE Adolphe, *Dieu pour penser : tome 6 :Le Christ*, Paris, Cerf, 2001.

KABASELE François - DORE Joseph- LUNEAU René (ed.), *Chemins de la christologie africaine* coll. « Jésus et Jésus-Christ », n° 25, Paris, Desclée, 1986, 2001.

KASPER Walter, *Jésus, le Christ,* trad. J. DESIGAUX et A..LIEFOOGHE, coll. « CogitatioFidei », Paris, Cerf, 1996[5].

LEVINAS Emmanuel, *Altérité et transcendance*, Cognac, Fata Morgana, 1995.

OGUI COSSI Gaston, *Le Christ comme l'Universel Concret dans les œuvres de Bruno Forte et de Christian Duquoc*, Rome, PUG, 1999.

______________, « Difficultés de la profession de foi en la singularité du Christ en Afrique occidental » in *Cristologia e Missiologia. AttidelCongressoInternazionale di Missiologia 17-20 ottobre 2000,* Roma, UrbanianaUniversityPress, 2001, 321-332.

PANIER Louis, *La naissance du fils de Dieu. Sémiotique et théologie discursive. Lecture de Luc 1-2*, coll. « CogitatioFidei » 159, Paris, Cerf, 1991.

RAHNER Karl, *Traité fondamental de la foi. Introduction au concept du christianisme*, trad. G. JARCZYK, Paris, Centurion, 1983.

RAHNER Karl - METZ Johannes Baptist., *L'homme à l'écoute du Verbe. Fondement d'une philosophie de la religion*, trad. J. HOFBECK, Paris, Mame, 1968.

RATZINGER Joseph- BENOIT XVI, *Jésus de Nazareth. I. Du Baptême dans le Jourdain à la Transfiguration*, Paris, Flammarion, 2007.

______________, « Le Christ, la foi et le défi des cultures», *La documentation catholique,* 2120 (1995) 698-708.

SESBOUE Bernard, *Tout récapituler dans le Christ. Christologie et sotériologie d'Irénée de Lyon,* coll. « Jésus et Jésus-Christ » n° 80, Paris, Desclée, 2000.

THEOBALD Christoph (ed.), *Le cas Jésus Christ. Exégètes, historiens et théologiens en confrontation*, Paris, Bayard, 2002.

ZUNDEL Maurice, *Je est un autre*, Montréal, Anne Sigier, 1997.

***Deuxième partie***

ALBERT Pierre, *Histoire de la presse*, Paris, Puf, Collection Que sais-je ?, 2003.

BARBEY Francis, *Jean-Paul II et la communication. Ou quand la communication sociale devient facteur de vérité, de liberté et de promotion humaine*, Paris, Publibook, 2010.

BARBEY Francis, *L'Éducation aux médias. De l'ambiguïté du concept aux défis d'une pratique éducative*, Paris, Publibook, 2009.

BRETON Philippe - Serge PROULX, *L'explosion de la communication. Introduction aux théories et pratiques de la communication*, Paris, La Découverte, 2006.

CAUNE Jean, *Culture et communication*, Grenoble, PUG, 1995.

CHARON Jean-Marie (dir.) *L'état des médias*, Paris, La Découverte/Médiaspouvoirs/CFPJ, 1991.

DEFLEUR Melvin L. et BALL-ROKEACH Sandra J., *Teorie delle comunicazioni di massa*, Bologna, il Mulino, 1995.

JEAN-PAUL II, *Je vous donnerai des pasteurs. Exhortation apostolique sur la formation des prêtres dans les circonstances actuelles*, Paris, Cerf, 1992.

JUFFÉ Michel, *L'art de la communication*, Paris, Georg éditeur, 2000.

LADRIÈRE Jean, *L'articulation du sens. Discours scientifique et parole de foi*, Paris, Les Éditions du Cerf, 1984.

LEVER Franco, PASQUALETTI Fabio et PRESERN Valentin A., *Dai Loro frutti li riconoscerete*, Rome, LAS, 2011.

MAIGRET Éric, *Sociologie de la communication et des médias*, Paris, Armand Colin, 2003.

MATTELART Armand et Michel, *Histoires des théories de la communication,* Paris, La Découverte, 2004.

MEYER Claude, *Aux origines de la communication humaine*, Paris, L'Harmattan, 2001.

MIÈGE Bernard, *La pensée communicationnelle*, Grenoble, PUG, 1995.

MORIN Edgar, *La Voie. Pour l'avenir de l'humanité*, Paris, Fayard, 2011.

RICŒUR Paul, *De l'interprétation. Essai sur Freud*, Seuil, Paris, 1965.

TODOROV Tzvetan, *Nous et les autres. La réflexion française sur la diversité humaine*, Paris, Éditions du Seuil, 1989.

WINKIN Yves (dir.), *La nouvelle communication*, Éditions du Seuil, Paris, 1981.

WINKIN Yves, *L'Anthropologie de la communication*, Paris, De Boeck Université /Éditions du Seuil, 2001.

**L'HARMATTAN, ITALIA**
Via Degli Artisti 15; 10124 Torino

**L'HARMATTAN HONGRIE**
Könyvesbolt ; Kossuth L. u. 14-16
1053 Budapest

**L'HARMATTAN BURKINA FASO**
Avenue Mohamar Kadhafi (Ouaga 2000) – à 200 m du pont échangeur
12 BP 226 OUAGADOUGOU
(00226) 50 37 54 36
harmattanburkina@yahoo.fr

**ESPACE L'HARMATTAN KINSHASA**
Faculté des Sciences sociales,
politiques et administratives
BP243, KIN XI
Université de Kinshasa

**L'HARMATTAN CONGO**
67, av. E. P. Lumumba
Bât. – Congo Pharmacie (Bib. Nat.)
BP2874 Brazzaville
harmattan.congo@yahoo.fr

**L'HARMATTAN GUINÉE**
Almamya Rue KA 028, en face du restaurant Le Cèdre
OKB agency BP 3470 Conakry
(00224) 60 20 85 08
harmattanguinee@yahoo.fr

**L'HARMATTAN CÔTE D'IVOIRE**
M. Etien N'dah Ahmon
Résidence Karl / cité des arts
Abidjan-Cocody 03 BP 1588 Abidjan 03
(00225) 05 77 87 31

**L'HARMATTAN MAURITANIE**
Espace El Kettab du livre francophone
N° 472 avenue du Palais des Congrès
BP 316 Nouakchott
(00222) 63 25 980

**L'HARMATTAN CAMEROUN**
BP 11486
Face à la SNI, immeuble Don Bosco
Yaoundé
(00237) 99 76 61 66
harmattancam@yahoo.fr

**L'HARMATTAN SÉNÉGAL**
« Villa Rose », rue de Diourbel X G, Point E
BP 45034 Dakar FANN
(00221) 33 825 98 58 / 77 242 25 08
senharmattan@gmail.com

Achevé d'imprimer par Corlet Numérique - 14110 Condé-sur-Noireau
N° d'Imprimeur : 88092 - Dépôt légal : mai 2012 - *Imprimé en France*

www.ingramcontent.com/pod-product-compliance
Lightning Source LLC
LaVergne TN
LVHW051401061026
849535LV00009B/3299